植田 一三
ICHIZO UEDA
[編著]

Michy里中
MICHY SATONAKA

山下澄子
SUMIKO YAMASHITA

上田敏子
TOSHIKO UEDA
[著]

# WRITING SUPER TRAINING
## EIKEN GRADE PRE-1

# 英検®準1級ライティング大特訓

ask PUBLISHING

「英検」は、公益財団法人 日本英語検定協会の登録商標です。
このコンテンツは、公益財団法人日本英語検定協会の承認や推奨、その他の検討を受けたものではありません。

# プロローグ

　グローバル化に伴って世界の英語人口は急速に増加し、今や全人口の4人に1人が英語を使って仕事や生活をし、ネット情報の8割が英語で表現されるようになりました。しかし、日本で英語を実用的に使える人口は、依然として全人口の2パーセント程度といわれています。このような中、日本では、2020年度から英語が小学3年生以上で必修となり、大学入試も受信力中心から英語力の国際的基準CEFRをベースにした発信力や実用英語力を重視したものに変わろうとしています。そして、中学卒業時にCEFRのA2（英検準2級レベル）、高校卒業時にB2（英検準1級レベル）、最低でもB1（英検2級レベル）、大学卒業時にC1（英検1級レベル）、最低でもB2（準1級レベル）まで、日本人の英語力を高めようとしています。

　現在、全国の国公私立大学の43％が、入学選抜時に民間の英語検定試験を活用しており、英検準1級ホルダーとなることは、大学入試においても大きなアドバンテージとなります。

　英語教育の新たな動きを反映し、2016年度第1回から英検準1級のライティング試験は、社会問題に関して自分の意見を英語で論理的に発信するエッセイ・ライティングが、従来のメール・ライティングに取って代わりました。これによって、様々な社会問題、特に「教育」「サイエンス＆テクノロジー」「環境」「ビジネス」などの分野のトピックに関して、英語の文章構成法に従って論理的に意見を述べる能力が求められるチャレンジングな内容に変更されました。

　その問題構成は、「あなたの意見とその理由を2点書きなさい」となっていますが、1点目と2点目の理由が重複しないようにし、かつ説得力ある論理性を備えた理由とその説明を書くことが重要です。また、120～150語の長さで理由を2点述べないといけないので、「一定の型」をマスターしておく必要があります。これらの要素は、文章を丸暗記するのではなく、どのような問題パターンが出題されても対応でき、かつケアレスミスや時間のロスを最小限にするためのトレーニングの重要性を物語っています。

　それらを踏まえて制作された本書は次のような構成になっています。まずChapter 1で新傾向の英検準1級エッセイ問題とその攻略法の概論を述べた後、Chapter 2でエッセイを書くための必勝フォーマットと論理的構成を作るための重

要表現を紹介しています。次に Chapter 3 では、日本人の中級英語学習者が最も犯しやすく、かつライティング試験で絶対犯してはならない文法と語法のミスを頻度順に紹介し、改善するためのレッスンを行います。Chapter 4 では、エッセイ・ライティングで重要な類語の使い分けについて、重要度順に問題形式でトレーニングを行います。そして Chapter 5 では、エッセイのレパートリーと論理的思考力をアップするためのウォーミングアップとして、「キーアイディアトレーニング（ポイントを考える訓練）」を行い、Chapter 6 では、エッセイのレパートリーを増やすために、背景知識力アップと英文ライティングに極めて重要な「クリティカルシンキング」の特訓であるアーギュメント力アップトレーニングを行います。そして最後の Chapter 7 では、それまでに学んだことを活かして総仕上げとして実践模試にチャレンジし、添削例の解説やポイント解説を参考にしながら自分の弱点やその克服法が明確にわかるようになっています。そして巻末には、語彙やレパートリーをさらに増やすために、準 1級のエッセイ問題でその狙われそうな重要トピックに関する用語とキーアイディアを補足しておきました。

　本書の制作にあたり、惜しみない努力をしてくれたアクエアリーズスタッフのミッチー里中氏（Chapter 6, 7 担当）、山下澄子氏（Chapter 6 担当）、上田敏子氏（Chapter 2, 5・全体企画・校正担当）、田中秀樹氏（Chapter 4 担当）、小谷延良氏（Chapter 3 担当）、大西静氏（Chapter 5, 8 担当）、中坂あき子氏（校正）、柏本左智氏（校正）、および編集をしてくださったアスク出版の道又敬敏氏に感謝の意を表したいと思います。それから何よりも、われわれの努力の結晶である著書をいつも愛読してくださる読者の皆さんには、心からお礼を申し上げます。それでは明日に向かって英悟の道を

　Let's enjoy the process!（陽は必ず昇る）　Thank you.

植田 一三

# CONTENTS
## 目次

プロローグ ............................................................ 003

## Chapter 1
## 英検準1級ライティングの概要と攻略法

ライティングの重要性が高まった「英検」とは？ ............ 010

英検取得のメリットとは？ ................................... 010

英検準1級は中上級者の証 ................................... 011

英検準1級はライティングのスコアUPが合格の決め手！ ...... 012

英検準1級頻出トピックはこれだ！ ........................ 013

エッセイの評価方法とは？ ................................... 014

英検準1級エッセイ・ライティング満点ゲットの極意！ ...... 015

## Chapter 2
## エッセイ・ライティングの必勝フォーマット&必須つなぎ表現をマスター

エッセイの正しい構成はこれだ！ ............................ 020

01 エッセイのイントロ・フォーマットはこれだ！ ............ 021

02 結論フォーマットはこれだ！ ............................... 026

03 メインボディで必須のつなぎ表現はこれだ！ ............... 027

## Chapter 3
## 準1級ライティングで要注意！文法・語法の頻出ミスランキング

間違いランキング1位　howeverを接続詞として使ってしまう。 ...... 032

間違いランキング2位　可算名詞、不可算名詞を混同してしまう。 ...... 033

| 間違いランキング 3 位 | 唐突に first(ly)、second(ly) と書いてしまう。 | 034 |
| 間違いランキング 4 位 | 定冠詞 the が抜けている。 | 035 |
| 間違いランキング 5 位 | 不自然なコロケーションで語彙を使ってしまう。 | 036 |
| 間違いランキング 6 位 | due to / because of 等の前置詞句の後ろで SV を使ってしまう。 | 037 |
| 間違いランキング 7 位 | at first と at last の使い方を誤ってしまう。 | 037 |
| 間違いランキング 8 位 | increase / decrease の主語を人や物にしてしまう。 | 038 |
| 間違いランキング 9 位 | learn と learn about の使い分けができない。 | 039 |
| 間違いランキング 10 位 | although と but を二重に使ってしまう。 | 040 |

✦ make [me / us] happy は卒業しよう ────── 040

| 間違いランキング 11 位 | for example の後に名詞を列挙してしまう。 | 041 |
| 間違いランキング 12 位 | 現在完了形で書くべきところを過去形で書いてしまう。 | 042 |
| 間違いランキング 13 位 | affect と effect を混同してしまう。 | 042 |
| 間違いランキング 14 位 | 動詞の challenge の意味を「〜にチャレンジする」と勘違いしてしまう。 | 043 |
| 間違いランキング 15 位 | therefore を接続詞と勘違いしてしまう。 | 043 |
| 間違いランキング 16 位 | will は常に「〜だろう」を意味すると勘違いしてしまう。 | 045 |
| 間違いランキング 17 位 | especially を文頭で使ってしまう。 | 046 |
| 間違いランキング 18 位 | A such as B の文で A と B のカテゴリーが異なっている。 | 046 |
| 間違いランキング 19 位 | 「起こりえない未来の出来事」にも will を用いてしまう。 | 047 |
| 間違いランキング 20 位 | Because SV. で文が完結してしまう。 | 047 |

✦ 前置詞の正確な使い方をもう一度振り返ろう ────── 048

| 間違いランキング 21 位 | 人を主語にできない形容詞を誤用してしまう。 | 049 |
| 間違いランキング 22 位 | (原形) 不定詞と動名詞を混同してしまう。 | 050 |
| 間違いランキング 23 位 | 文頭で And / But を使ってしまう。 | 050 |
| 間違いランキング 24 位 | almost＝「ほとんど」と覚えているため誤用してしまう。 | 051 |
| 間違いランキング 25 位 | 最上級で名詞が抜けてしまう。 | 052 |

[番外編] テスト直前ファイナルチェック 15 ────── 053

## Chapter 4　エッセイ・ライティングに必須！ 類語の使い分け重要度ランキング

なぜ英語の類語の使い分けは英検準1級ライティングに必要か？ ———— 060

| 重要度ランキング 1 位 | わかる | 060 |
| 重要度ランキング 2 位 | 思う | 062 |
| 重要度ランキング 3 位 | する・行う | 064 |
| 重要度ランキング 4 位 | なる | 067 |
| 重要度ランキング 5 位 | 得る | 069 |
| 重要度ランキング 6 位 | 言う | 071 |
| 重要度ランキング 7 位 | 引き起こす | 073 |
| 重要度ランキング 8 位 | 良くする・発展する | 075 |
| 重要度ランキング 9 位 | 現れる・起こる | 077 |
| 重要度ランキング 10 位 | 作る | 079 |
| 重要度ランキング 11 位 | 含む・伴う | 082 |
| 重要度ランキング 12 位 | 変える | 083 |
| 重要度ランキング 13 位 | 認める・受け入れる | 085 |
| 重要度ランキング 14 位 | 扱う・管理する | 086 |
| 重要度ランキング 15 位 | 妨げる | 087 |
| 重要度ランキング 16 位 | 中止する | 089 |
| 重要度ランキング 17 位 | 選ぶ | 089 |
| 重要度ランキング 18 位 | 分ける | 090 |
| 重要度ランキング 19 位 | 紹介する | 090 |

## Chapter 5　最短距離！ キーアイディア作成特訓

| 01 | 「公共政策」分野で押さえるポイントはこれだ！ | 096 |
| 02 | 「経済・ビジネス」分野で押さえるポイントはこれだ！ | 100 |
| 03 | 「メディア」分野で押さえるポイントこれだ！ | 103 |
| 04 | 「テクノロジー」分野で押さえるポイントはこれだ！ | 107 |
| 05 | 「環境」分野で押さえるポイントはこれだ！ | 111 |

## Chapter 6 アーギュメント力 UP トレーニング

| 01 | 定年後も働き続けるべきか？ | 119 |
| 02 | SNS は社会にとって有益か？ | 125 |
| 03 | パートタイム雇用は社会に悪影響を及ぼしているか？ | 131 |
| 04 | 広告は社会にとって有益か？ | 137 |
| 05 | 世界遺産は増え続けるべきか？ | 143 |
| 06 | 政府の公共サービス改善のために増税するという考えに賛成か、反対か？ | 149 |
| 07 | パック旅行は最良の選択か？ | 156 |
| 08 | オリンピックの開催は良いことか？ | 160 |
| 09 | 制服は廃止すべきか？ | 164 |
| 10 | オンラインゲームはやめさせるべきか？ | 168 |
| 11 | 人は医者や薬に頼りすぎているか？ | 172 |
| 12 | ロボットの使用に賛成か、反対か？ | 175 |

## Chapter 7 総仕上げ 実践模試にチャレンジ！

| 実践問題にチャレンジ！ | | 180 |
| --- | --- | --- |
| 01 | ワークシェアリングを奨励すべきか？ | 182 |
| 02 | より多くの人が電気自動車に乗るべきか？ | 188 |
| 03 | 能力給制をもっと奨励すべきか？ | 194 |
| 04 | すべての印刷メディアはやがて電子メディアに取って代わられるか？ | 200 |
| 05 | 在宅ワークは今後もっと普及するか？ | 206 |
| 06 | 多文化主義は社会にとって良いか？ | 212 |
| 07 | テクノロジーは人々の生活を良くしてきたか？ | 218 |
| 08 | 政府はホームレスを助けるべきか？ | 224 |

| ［巻末付録］英検準1級エッセイ・ライティング 必須用語 400 | 230 |
| --- | --- |
| ［巻末付録］重要トピック・キーアイディア・リスト | 242 |

# Chapter 1

## 英検準1級
## ライティングの
## 概要と攻略法

## ライティングの重要性が高まった「英検」とは？

　英検とは「実用英語技能検定」の略称で 1963 年に第 1 回試験が実施されて以来、英語の 4 技能（読む・聞く・話す・書く）を総合的に測る試験として全国規模で 50 年以上行われてきました。日本英語検定協会によって年 3 回実施され、昨今の英語教育熱の高まりに伴い受験者数も増加傾向にあります。2018 年度の志願者数は延べ対前年度 5 パーセント増の 3,855,068 人で、今後も増加することが予想されます。

　試験は、5 級、4 級、3 級、準 2 級、2 級、準 1 級、1 級の 7 つのレベルで実施され、5 級、4 級は筆記試験（リーディング、リスニング）のみ(※)、その他の級は一次の筆記試験（リーディング、リスニング、ライティング）と二次の面接試験（スピーキング、ただし一次試験合格者のみ）によって合否が判定されます。以前は合否の判定だけでしたが、2016 年度以降「英検 CSE スコア」という独自のスコアリングシステムにより、合否判定に加え、英語力のレベルが TOEIC® などのように、5 級から 1 級まで一貫したスコアでも示されるようになりました。それぞれの受験級に応じて合格基準スコアが設けられ、リーディング、リスニング、ライティング、スピーキング（二次試験）の技能ごとに均等にスコアが配分されています。

　かつては、準 1 級一次試験の語彙＆読解のスコアが全体の 51 パーセント、リスニングが 34 パーセント、ライティングが 14 パーセントの配点だったのが、リニューアル後はそれぞれが均等の 33 パーセントになりました。つまり、ライティングの重要性が相対的に大幅に UP したことになります。したがって日頃から 4 技能をバランスよく鍛えることが合格の鍵となります。

※ 級認定に影響しないスピーキングテストが用意されています。5 級と 4 級の受験者全員を対象とし、パソコンやスマートフォンから受験できます。

## 英検取得のメリットとは？

　英検資格取得には、以下のような様々なメリットがあります。

### 1 ４技能をバランスよく鍛えることができる！

　近年の日本の英語教育においては 4 技能（読む・聞く・話す・書く）を総合的に鍛えることの重要性がますます高まっています。これに伴い英検でも 2016 年度第 1 回検

定から「2級」にライティングテスト、「4級」「5級」にスピーキングテストが導入され、さらには2017年度第1回検定からは、「準2級」「3級」でもライティングテストが実施されるようになりました。よって、これまで以上に「書く力」と「話す力」、すなわち「発信力」を高めることが合格の鍵となり、逆に言えば、英検の対策勉強を通じてライティング力とスピーキング力を向上させることが可能になります。

## 2 英語検定資格を大学入試に利用できる！

近年、英検をはじめ、TOEIC®、TEAP、TOEFL iBT®、IELTS、GTECなど、民間の英語検定資格で特定の級やスコアを取得すると高校入試、大学入試でこれらを利用できる出願方法が年々広がっています。大学によっては級やスコアに応じて、大学が実施する英語の試験を受けずに80点、90点、さらに満点などの得点換算の優遇を受けることができ、さらには資格がないと出願すらできない入試方式も出てきています。大学によって点数換算が認定されない資格試験もある中で、英検は最も幅広く点数換算が認められている英語資格の1つであり、英検の級に応じて点数換算を行う大学は今後も増加することが予想されます。大学の難易度や入試形式にもよりますが、概ね2級以上、大学上位校では準1級以上が得点換算の対象となっています。

## 3 海外留学時の英語力証明資格として使える！

近年ではアメリカ、カナダ、オーストラリア、ニュージーランドをはじめとする英語圏の教育機関において、入学条件のひとつである英語力の証明として英検が認められるようになりました。つまり、英検取得によって新たな可能性を開く海外留学につながると言ってよいでしょう。

この他にも日常会話からビジネスシーンまで、対策勉強を通じて幅広い場面に対応できる実践的なコミュニケーション力を高めることができ、また、超初級から上級まで、そのときの英語の実力に合わせて受験できることから生涯学習のマイルストーンとしても利用できるなど、メリットの非常に多いやりがいのある英語資格試験だと言えるでしょう。

## 英検準1級は中上級者の証

まずは英検準1級の概要について確認しておきましょう。英検準1級受験者のレベルの目安は、大学2年生程度の英語力を有する者となっています。試験内容を見ても全般的に大学で学習する語彙、文章レベルで、英語学習中上級者、つまり英語で実務

ができるレベルが英検準1級と言えるでしょう。

　では次にCEFR（セファール：欧州を中心に広く活用されている語学力のレベルを示す国際標準規格）に照らし合わせて英検の世界的な位置づけを確認しておきましょう。

| CEFR | 英検 | レベル |
|---|---|---|
| C2 | — | ネイティブレベルに近い熟練者 |
| C1 | 1級 | 優れた運用能力を有する上級者 |
| B2 | 準1級 | 実務ができる準上級者 |
| B1 | 2級 | 習得しつつある中級者 |
| A2 | 準2級 | 初級者 |
| A1 | 3級、4級、5級 | 初学者 |

　準1級はCEFRではB2となっています。このB2の定義を抜粋して引用してみると次のように書かれています。

　「自分の専門分野のビジネス文書を、感情表現をしながら用途に合った文体で書くことができる」「自分の専門分野や関心事について、複雑な内容の報告書や論文などを、因果関係や仮定的状況も考慮して、明瞭かつ詳細に書くことができる」「なじみのあるトピックについて、多くの情報を統合して議論を整理し、根拠を示しながら一貫性のあるエッセイやレポートなどを、幅広い語彙や複雑な文構造で書くことができる」

　実際には準1級よりも随分レベルが高いように見えますが、準1級を受験するということは、英語で実務ができる準上級者のレベルを目指すことになります。

## 英検準1級はライティングのスコアUPが合格の決め手！

　2016年度の「英検CSEスコア」導入と、英検準1級の試験内容の変更により、ライティングテストの重要性が極めて高くなりました。一次試験における英検準1級の配点を見てみると、各技能（リーディング、ライティング、リスニング）の満点スコアはそれぞれ750点、よってトータルで2250（750×3）点満点で合格点は約1800点です。

　CSEに関しては、まずリーディングは、正答率が6割ぐらいだとスコアは7割近く、正答率が7割ぐらいだとスコアは8割以上になりますが、高得点を取っても平均点が高いので4技能を均等の比重で換算するCSEスコアはそれほど上がりません。リスニ

ングはリーディングに比べると平均点が低く、6割ぐらいの正答率でもCSEスコアは7割以上の550点くらいにはなり、7割ぐらいの正答率でも8割の600点が取れます。しかし、合格者のほとんどは8割以上正解するので、CSEでそれ以上のスコアを取ることは難しく、9割正答したとしてもCSEは670点ぐらいにしかなりません。これに対して、ライティングは採点が甘く、少々のミスがあっても満点を狙えます。

　このようにリーディングやリスニングでスコアを上積みするのは難しいことから、準1級の効率的な最短合格法は、ズバリ、リーディングやリスニングではある程度の点数で妥協し、とにかく英作文で稼ぐことです。具体的には、リーディング、リスニングでそれぞれ6割の正答率で約1100点ゲットし、ライティングで700点以上を取ることです。英検準1級合格には「ライティング力UPが不可欠」なのです。

　では、ここから英検準1級エッセイ・ライティングの出題傾向、採点基準、そして対策を解説していきます。

## 英検準1級頻出トピックはこれだ！

　2016年春から始まった新英検準1級では過去2年間にわたり次のようなトピックが出題されています。

▶ **家庭生活**　親と同居する若者は増える、という意見に賛成か、反対か？

Agree or disagree: The number of young people who live with their parents after they finish their education will increase in the future.

(2016年度第1回)

▶ **ビジネス＆ジェンダー**　企業は女性社員の待遇を改善すべきか？

Do you think that Japanese companies need to improve their treatment of female workers? (2016年度第2回)

▶ **公共政策・福祉**　政府は失業者支援をもっとすべきか？

Do you think that the government should provide more support for unemployed people? (2016年度3回)

▶ **ビジネス・テクノロジー**　日本はキャッシュレス社会になる、という意見に賛成か、反対か？

Agree or disagree: Japan should become a completely cashless society. (2017年度1回)

▶ **公共政策・環境問題** 政府は環境保護努力をもっとすべき、という意見に賛成か、反対か？

Agree or disagree: The Japanese government should do more to protect the environment. (2017 年度 2 回)

▶ **テクノロジー・宇宙科学** 人間は他の星に居住するようになるか？

Will humans live on other planets someday? (2017 年度 3 回)

このように政府の公共政策、ビジネス、テクノロジーに関するトピックが重要です。特に最初の 2 つは二次の面接試験でも重要な分野です。対策勉強としては、この 2 分野から始め、徐々に関連する他の分野に広げていくといいでしょう。

---

## エッセイの評価方法とは？

英検準 1 級でライティング問題が導入されたのは 2004 年度ですが、2015 年度までは 100 語程度で英文レター（E メール）形式で、現代社会情勢に関する 3 つの質問に対しその答えを論理的にまとめるものでした。トピックは教育、家庭、健康、メディア、ビジネス、高齢化社会など多岐にわたり、幅広い社会問題についてコメントを述べたり、現状分析をしたり、予測することを求められる問題となっていました。ところが 2016 年度からの新傾向では難易度がいっきに上がり、それまでは英検 1 級のライティングで行われていた「エッセイ形式」に変わりました。新傾向からは、出題されたトピックに関する自分の意見を与えられた語句の中の 2 つを使って論理的に書くことが求められます。語数も 100 語程度から 120 ～ 150 語程度と長くなりました。

エッセイは次の 4 つの評価項目に基づいて評価されます。

① **内容** [課題で求められている内容が含まれているか] 　　　　　4 点満点
② **構成** [英文の構成や流れがわかりやすく論理的であるか] 　　　4 点満点
③ **語彙** [課題にふさわしい語彙を正しく使えているか] 　　　　　4 点満点
④ **文法** [文構造のバリエーションやそれらを正しく使えているか] 4 点満点

合格を確かなものにするためには、4 項目で計 12 点以上得点する必要があります。しかし、前述のように採点が甘いので、文法、語法、論理性で多少のミスがあっても満点になります。ぜひこのエッセイ・ライティングで CSE スコア 750 点満点を狙いましょう。

## 英検準1級エッセイ・ライティング満点ゲットの極意！

　学習者の多くはエッセイ・ライティングで10点以上が取れず四苦八苦していますが、攻略法を学び、パラグラフ構成のパターンを熟知し、トレーニングを行えば、最も短期間でスコアアップが可能で、満点も狙えます。

　エッセイのみならず二次面接のQ&Aで欠かせないのが、社会情勢に関する問題意識とlogical thinking ability（論理的思考能力）です。自分の意見を英語ですぐに述べられるようになるには、日頃から社会問題に関してアンテナを張り、社会問題に関するテレビの特別番組などを見て情報を入手した後で、問題を分析しコメントを述べる練習をしておくことです。

　そして、その具体的な攻略法としては次の6つがあります。

### 1 与えられたポイントが、賛成・反対のどちらの立場で書いたほうが書きやすいか判断する。

　問題に書かれたキーワードを2つ用いて、出題されたトピックについて書くことになっているので、自分の意見が賛成であっても、キーワードを見て反対のほうが書きやすい場合やそれが社会的に見て説得力のある場合は、反対のスタンスでエッセイを書きます。この判断力と背景知識の有無もテストされています。

### 2 「イントロダクション」「ボディ（理由を2つ）」「結論」を含め、必ず3つ以上のパラグラフで書く。

　エッセイは唐突に理由から始めるのではなく、必ず最初に一般論と自分の結論を述べてからボディへと進み、最後にもう一度結論を書きましょう。イントロの代表的なフォーマットをいくつかChapter 2で解説しています。それらの中から自分が使いやすいフォーマットを1つ決め、練習しておくとイントロの作成時間を大幅に短縮でき、ボディにより時間をかけることができます。

### 3 メインボディは、基本的にポイントを書くことから始め、次にそのサポートを述べる。

　よくFirst(ly), やTo begin with, と書いてから、ポイントを述べずに詳細やその関連情報を述べる受験者がいますが、必ずポイントから始め、それをサポートすることだけを書き、決してミスマッチした内容（関係のない新情報）を書かないようにしましょう。また、日本語のエッセイでは、つれづれなるままに書いて話が横道にそれて何が言いた

いのかはっきりしなくても OK ですが、英語のエッセイではそういったものは「散漫」（rambling）といって評価が大幅に悪くなります。必ずポイントを明確に述べて、それをサポート（例証）するアプローチを忘れてはなりません。

そして、必ず **1 パラグラフに 1 つのポイント（キーアイディア）を述べてその証明をす**るようにしますが、日本人にはなかなかこれができません。事実、サポートを述べず新情報を述べてしまったり、ポイントから述べずにサポートから始めてしまうなど、何を述べているのかわかりにくくなってしまうケースが非常に多く見られます。また理由（ポイント）を 2 つ書く場合は、First(ly) / The first reason is that 〜（第一に）、Second(ly) / [The second / Another] reason is that 〜（第二に）というように整理して書くようにしましょう。実際に何度も書く練習をすることが非常に大切です。

### 4 文法・語法ミスをしないように文法力・運用語彙力を UP させる。

文法・語法に関して採点は甘いと言いましたが、冠詞（a[an], the）のミス、時制のミス（現在、現在完了、過去、進行形）、3 人称の s 抜けや、単数形・複数形のミス、前置詞のミスなどが重なると点数は下がってしまうので、できるだけ正確な英文を書けるように、添削を受けながらライティング・トレーニングをするのに越したことはありません。また高校の英文法の基礎力が漏れている人は、TOEIC の英文法・語法問題練習、構文の復習などを通して、英文の知識を身につけておきましょう。

### 5 字数制限は 120 〜 150 語だが 130 〜 140 語にまとめる。

長く書くとそれだけ時間がかかり、他の問題にかける時間が少なくなってしまいます。ひな型を使ってイントロと結論でそれぞれ約 20 語の計 50 語ぐらいを書き、後はキーワードを含んだ 40 〜 50 語ぐらいずつのパラグラフを 2 つ作って完成させましょう。自分の字の大きさでは 1 行に何語ぐらい書けるかを知っておき、数えなくても 130 〜 140 語に収まるのが理想的です。

### 6 書いた原稿を必ず見直し、その時間を含めて 必ず 15 〜 18 分以内に仕上げる。

トピックを見て、すぐに感じたままを殴り書いてそのまま提出すると、ほとんどの場合、非常にミスの多いエッセイになります。2 分でアイディアを構築し、10 〜 13 分で書いて、それを 3 分で校正できるようにトレーニングすればスコアは大幅に伸びます。

エッセイ・ライティングに重要な「論理的思考力」に関してですが、日本人学習者に多いパターンとして、例えば「リサイクルが日常生活に浸透しているか」という質問に対して、賛成の立場で「浸透している」と書いておきながら、リサイクルの浸透を証明するサポートをしなければならないのに、途中から「しかし、まだまだリサイクル用に分別されていない家庭ごみをよく見かける」というふうに、それを弱めることを書いてしまうケースがしばしば見られます。これは英語のエッセイでは極力避けなくてはなりません。

　日本人は、よくグレーゾーンシンキング＆スピーキング（中間的思考＆発話）をする傾向があるので、話し手のスタンスが Yes なのか No なのかが聞き手にわからない場合がよくあり、これが論理的コミュニケーションの障害になっています。ある問題について、Yes（賛成）が 80 パーセントで No（反対）が 20 パーセントであれば躊躇なく Yes と言うでしょうが、前者が 55 パーセントで後者が 45 パーセントであれば、Yes か No かのスタンスをはっきりと述べにくいこともあります。そんな時、多くの日本人は答えにくそうに Yes の主張を弱める例を挙げてしまい、何が言いたいのかつかみどころのない印象を与えがちです。エッセイ・ライティングではこのような「あいまい」な立場で書くことがないよう、賛成・反対の自分の立場をクリアにするように努めてください。

# Chapter 2

## エッセイ・ライティングの
## 必勝フォーマット&
## 必須つなぎ表現をマスター！

# エッセイの正しい構成はこれだ!

　英検準1級のエッセイでは前の章で述べたように「論理的なエッセイの正しい構成」をマスターすることが非常に重要です。まずは準1級エッセイに求められる正しい構成をご紹介します。

## 第1段落 (Introduction)

| 第1文 | 定型文 (一般論) |
|---|---|
| 第2文 | 質問文に対する自分のスタンス<br>(賛成か反対かなど) を述べる! |

## 第2段落 (Body 1)

| 第1文 | 1つめのキーアイディア |
|---|---|
| 第2文目以降 | 1つめのキーアイディアのサポート |

## 第3段落 (Body 2)

| 第1文 | 2つめのキーアイディア |
|---|---|
| 第2文目以降 | 2つめのキーアイディアのサポート |

## 第4段落 (Conclusion)

Bodyで述べた2つのキーアイディアをフレーズ (句) で再提示し、イントロで述べた自分のスタンスを再度述べて締めくくる! 1文で完成します!

　本章では、①イントロ、②ボディ、③コンクルージョン (結論) で使うひな形と、各段落を論理的に構築するためのつなぎ言葉および必須表現をマスターします。まずは覚えるだけで、すぐに書けてしまうイントロの作り方からスタート!

020

# 01

## エッセイのイントロ・フォーマットはこれだ！

　エッセイのイントロ（序文）を効率よく書くために必須となる定型パターンを覚えていきましょう。この表現パターンは、特に英検のライティング問題のような時間制限のあるテストを受ける場合に非常に効果的で、これをマスターしておけば introduction 部分を考える必要が全くないので、メインとボディの内容を一層充実させることが可能となります。

　具体的には、イントロは 2 文構成で、1 文目では一般論をひな形に当てはめて述べ、2 文目では自分のスタンス（賛成か反対か）を述べるだけです。では、それぞれのフォーマットを見ていきましょう！

---

### イントロ作成のパターンを 2 つのステップでマスター！

## *Step 1*

　まず、**イントロ 1 文目の作り方**ですが、トピックの賛否両論（controversial）の程度によって、5 種類に分けることができます。準 1 級エッセイでは、この中でも特に汎用性の高い、**イントロ必勝フォーマット①と②は必ずマスター**しましょう。これだけ覚えておけば、準 1 級ではほとんどの場合 OK です！

---

### イントロ第 1 文・必勝フォーマット①

#### 《Some people / other people 型》

**Some people 〈say / believe / think / argue〉 that S ＋ V（トピック文），while other people 〈say / believe / think / argue〉 that S ＋ V（トピック文）**

～と言う人もいれば、…と言う人もいます。

　これは、**トピックの注目度が普通以上の場合に使うフォーマット**ですが、**英検準 1 級のエッセイトピックでは、ほぼ 100％使うことのできる、大変便利な必勝ひな形です。第 1 文の前半は定型パターンの S ＋ V の部分にトピックを当てはめ、後半はその内容を受け、省略した形になります。**第 2 文では賛成・反対の自分のスタンスを表明し、「以下

021

の2つの理由から」と数まで明示したほうがクリアなイントロとなって良いでしょう。

では、以下の例をご覧ください。

■ 例1 「ギャンブルの是非」についてのイントロ

**Some people argue that** gambling should be banned. **Others argue that** it (＝ gambling) shouldn't.

（ギャンブルを禁止すべきだと言う人もいれば、そうすべきではないと言う人もいます）

次は、トピックが様々な意見に分かれる場合に用いるひな形です。こちらも、よく使うイントロです！

---

**イントロ第1文・必勝フォーマット②**

《Different people have different ideas about 型》

**Different people have different ideas about ＋〈句／whether or not ＋ S ＋ V〉.**

～かどうかについて様々な意見があります。

**about** 以下の目的語は句にするか、**whether（or not）＋ S ＋ V** の名詞節の形にします。以下の例をご覧ください。

■ 例2 「定年延長の是非」についてのイントロ

**Different people have different ideas about**〈the extension of the retirement age to 70 ／ **whether or not** the retirement age **should** be extended to 70〉.

（定年を70歳まで延長することについて様々な意見があります）

これら2つの必勝フォーマットだけで準1級エッセイのイントロはほぼ大丈夫ですが、その他にもよく使われるフォーマットをご紹介します。余裕のある方はぜひ覚えてください。

---

**イントロ第1文・必勝フォーマット③**

《It is often pointed out that 型》

It is often pointed out that ⎤
It is generally believed that ⎬ S ＋ V（トピック文）.
It is widely known that ⎦

～〈とよく指摘されて／と一般に信じられて／は広く知られて〉います。

これは、**トピックが「一般的に論じられている場合」に、幅広く用いることができるパターン**です。定型パターンに、出題された問題のトピックを当てはめましょう。

## ■ 例3 「両親と同居する人は増えるか」についてのイントロ

It is [often / sometimes] [pointed out / said] that the number of people who continue to live with their parents after finishing school has been increasing.

（卒業後に両親と一緒に暮らし続ける人々が増えていると [よく／時には] 指摘され [言われ] ています）

## ■ 例4 「電子書籍が紙の書籍に取って代わられるか」についてのイントロ

It is generally believed that paper books will be replaced by e-books in the future.

（将来、紙の書籍が電子書籍に取って代わられると一般的に信じられています）

## ■ 例5 「マスコミの役割の是非」についてのイントロ

It is widely known that the mass media play an important role in society.

（マスコミが社会で重要な役割を果たしていることは広く知られています）

　次の2つは、「論争度の高いトピック」で使えるひな形です。これは前述のフォーマット①②および③の最初の2つのように毎度使えるものではありませんが、世界で論争の的になるトピックが出題された場合は、非常に効果的なイントロとなります。

---

**イントロ第1文・必勝フォーマット④**

### 《There have been a lot of discussions and debates about 型》

**There have been a lot of discussions and debates about 〈句 / whether or not + S + V〉.**

〜について多くの議論があります。

---

**イントロ第1文・必勝フォーマット⑤**

### 《It is a highly controversial issue 型》

**It is a highly controversial issue whether or not + S + V（トピック文）.**

〜かどうかについて大いに議論されています。

　この定型パターンに、エッセイ問題のトピックを当てはめましょう。

■ 例 6 「遺伝子組み換え食品の是非」についてのイントロ

〈There have been a lot of discussions and debates about / It is a highly controversial issue〉 whether GM foods are beneficial or not.
（遺伝子組み換え食品が有益かどうかについて多いに議論されています）

## *Step 2*

イントロ第 1 文で一般論を述べた後、第 2 文では自分の意見や好みを述べます。第 2 文のひな形は、以下の通りです。

---

**イントロ第 2 文・必勝フォーマット**

**Personally, I (do not) [believe / think] that S＋V（トピック文）for the following two reasons.**
私は個人的には、以下の 2 つの理由から～と思います（思いません）。

**Personally, I (do not) think it is [a good idea / beneficial] that S＋V（トピック文）for the following two reasons.**
私は個人的には、以下の 2 つの理由から～は良い考えだと思います（思いません）。

→ **賛成の場合：** 定型パターンにトピックを当てはめましょう。

□ **Personally, I [believe / think] that** capital punishment should be abolished for the following two reasons.
（個人的に、以下の 2 つの理由により死刑は廃止すべきだと思います）

□ **Personally, I think it is [a good idea / beneficial] that** Japanese companies improve their treatment of female employees **for the following two reasons**.
（個人的に、以下の 2 つの理由により日本の会社が女性従業員の待遇を改善することは［良い考え／有益］だと思います）

→ **反対の場合：** 賛成の場合と同様、定型パターンにトピックを当てはめましょう。

□ **Personally, I do not [believe / think] that** the government should further develop nuclear power generation **for the following two reasons**.
（個人的に、以下の 2 つの理由により政府が原子力発電を推進するべきだと思いません）

□ **Personally, I [disagree / do not agree] (with the idea) that** Japan should reduce its dependence on oil **for the following two reasons**.
（個人的に、以下の 2 つの理由により日本が石油依存を減らすべきだと思いません）

イントロ第 1 文と第 2 文を合体した完成形は以下のようになります。

■ 例 「失業者に対する政府の金銭的サポートの是非」についてのイントロ

Some people believe that the government should provide more financial support for unemployed people, while other people don't. Personally, I believe that the government should extend more financial support for unemployed people for the following two reasons.

（政府が失業者の金銭的サポートをもっとするべきだと思う人もいれば、そう思わない人もいます。個人的には以下の 2 つの理由から、政府は失業者への金銭サポートをもっとするべきだと思います。）

いかがでしたか？　これらのひな形をマスターした後は、結論のフォーマットに参りましょう！

# 02

## 結論フォーマットはこれだ！

　次に、ひな形で対処できる、結論 (Conclusion) の書き方をマスターしましょう。結論での留意点は、前の段落に書かれていない新情報は決して入れないことです。あとは、本論（**Body**）で書いた各段落の冒頭の 2 つのキーアイディア A と B を、句の形で再提示し、イントロで述べた立論を再び述べるだけです。以下の結論のひな形をマスターしましょう！

### 結論のフォーマット

**In conclusion, for these two reasons, A and B,**
**I (do not) [believe / think] that S ＋ V（トピック文）.**
結論として、A と B という 2 つの理由から、私は〜と思います（思いません）

　では賛成、反対それぞれの結論の例をみてみましょう。

### → 賛成の場合

□ In conclusion, for these two reasons, causing health problems and increasing medical costs, I believe that smoking should be banned.

（結論として、これら 2 つの理由、健康問題の原因や医療費の増加によりタバコは禁止されるべきだと思います）

### → 反対の場合

□ In conclusion, for these two reasons, reducing stress and generating tax revenues, I do not believe that smoking should be banned.

（結論として、これら 2 つの理由、ストレスの低下や税収の発生によりタバコは禁止されるべきだとは思いません）

# 03 メインボディで必須のつなぎ表現はこれだ！

　イントロと結論はパターンを覚えるだけですぐに書けますが、最重要のボディは、じっくり練る必要があります。ボディは、必ず2つのパラグラフに分け、それぞれの段落の1文目にはキーアイディアを、2文目以降ではそれをサポートする例や、より具体的な表現で言い換えてキーアイディアを展開する必要があります。これを守らずにポイントをサポートする文がないと減点されてしまいます。キーアイディアの作り方は Chapter 5 で詳しく述べますが、ここでは、ボディで論理を効果的に展開するための「つなぎ表現」を集中的にマスターしましょう。

## ■「キーアイディア」を提示する際のサインポスティング表現

□ [Firstly / First / First of all] / Secondly　まず第一に～／次に～：ボディの各段落の第1文に持ってくる定番表現。この表現を使うことで、キーアイディアを明確に提示することができるので、必ず使うようにしましょう！

## ■「因果関係」を表す重要表現

　文と文を、因果関係を表す言葉でつなげば非常に論理的な文章になります。

□ **because S + V**　なぜなら～：主節に対するダイレクトではっきりした原因・理由を述べるときに使います。

　**文法チェック**　because of 句の形も重要！

□ **since S + V**　～なので：because ほど強い理由ではないが、原因・理由の接続詞として一般的に使われます。

　**文法チェック**　since S + V は文頭で使うのが基本！

□ **as S + V**　～なので：because ほど強い因果関係がないときに使います。ちなみに since 節や as 節は旧情報なので文頭に、because 節は新情報なので、後ろに持ってくる傾向があります！

□ **therefore**　それゆえに・したがって：「結論」を強調します。

　**文法チェック**　therefore は副詞なので、S + V, therefore S + V. のような接続詞用法はできません！《S + V. Therefore, S + V.》のように Therefore を文頭に置くか、S + V, and therefore S + V. のように and とセットで使う必要があります！

027

- □ **as a result / as the result** 結果として：先行する事柄前文の「結果」を述べるときに用います。

- □ **due to ～** ～のために：「直接の原因」を強調したいときに用います。
  - [例] Employees will lose motivation and dedication to their company due to reduced wages and benefits.
    （従業員は少ない賃金や福利厚生が原因で、会社に対するやる気や忠誠心がうせてしまう）

## ■「逆説」「対照」「比較」を表す重要表現

反対意見を述べたり、対照させたいときに使います。

- □ **however** しかしながら：意外な、予想外の情報を付け加えたり、先ほど述べられたことと対照させるときに用いられる。but よりいくぶん強い意味を持ち、堅い表現。

- □ **though / although** ～だけれども：驚くべき事実やありえないような事実を述べる場合の導入部分としてよく用いられる。

- □ **even though S＋V** たとえ～としても
  - [例] Even though most consumers are fully aware of the importance of environmental protection, they still cannot afford to buy an electric car.
    （多くの消費者は環境保護の重要性を百も承知しているが、まだ経済的に電気自動車を買う余裕がない）

## ■「対照」「比較」を表す重要表現

- □ **S＋V. But on the other hand, S＋V ～.** ～しかし一方では～
- □ **In contrast,** 対照的に、比較して
- □ **regardless of ～** ～にもかかわらず
- □ **apart from ～** ～はさておき
- □ **compared with ～** ～と比べて
- □ **unlike ～** ～と違って

## ■「強調」を表す重要表現

重要なポイントを提示して自分の主張にアクセントをつけることができます。

- □ **In fact** 実際～ **/ The fact [truth] is** 実は～
- □ **The problem is that** 困ったことは～
- □ **It is [clear / obvious] that ～ / Obviously** 明らかに～である
- □ **especially** 特に
  - [例] people, especially women 人々、特に女性

□ not to mention ~ / needless to say ~ 　~は言うまでもなく

## ■「意見・感想」に関する重要表現

自分の意見を述べる際の定番表現です！

□ It is [a pity / regrettable / a shame] that ~ 　~は残念である
□ fortunately / unfortunately 　幸運なことに／不運なことに
□ It is inevitable that ~ 　~は避けることができない
□ It is natural that ~ 　~は当然だ、当然ながら
□ It is necessary that ~ 　~の必要がある

## ■「追加」に関する重要表現

さらなる詳しい追加情報を伝える時に使います。

□ in addition / moreover 　さらに：前述したことに追加・サポート。フォーマルな表現です。

□ furthermore 　さらに：次に述べる情報を「強調」する時に使います。
□ specifically 　具体的に言うと
□ similarly 　同様に

## ■「状況判断・視点」に関する重要表現

社会的な視点で意見を述べる場合に用います。

□ Considering the situation 　こういった状況を考慮すれば
□ under the circumstances 　こういった状況の中で
□ from a(n) [economic / global / historical] point of view

[経済的／世界的／歴史的] に観れば

□ depending on the situations ~ 　状況に応じて
□ in this case 　この場合
□ at this rate 　この調子では
□ in terms of ~ 　~の点において

## ■「可能性」に関する重要表現

□ It is highly [likely / unlikely] that ~ 　大いに [~であろう／~ではないだろう]
□ There is a strong possibility that ~ 　~の可能性は高い

## ■「例を挙げる」重要表現

□ For example / Take ~ for example 　例えば
□ A such as B 　B のような A

［例］ nondurable parts such as engine oil and oil filter
（エンジンオイルやオイルフィルターのような消耗品）

□ various X ranging from A to B  A から B など幅広い X

■ 「時」に関する表現

□ at the same time  同時に
□ for the [present / moment]  目下のところ
□ at this stage  現段階では
□ eventually / sooner or later  最終的に
□ in the process  その過程で

　いかがでしたか？ これらの表現を覚えて、エッセイ・ライティングで高得点を狙いましょう！ それでは、今度はエッセイ・ライティングで高得点を取るために重要な英文法・語法のレッスンに参りましょう。

# Chapter 3

準1級ライティングで要注意！
## 文法・語法の
## 頻出ミスランキング

第 3 章では、皆さんに英文法力をアップしていただくために、英検準 1 級受験者が
エッセイ・ライティングで犯しがちな文法と語法のミスをランキング形式で紹介していき
ます。約 30 年にわたる英検準 1 級の指導経験から言えることですが、英検準 1 級、さ
らには英検 1 級の受験者であっても、英検 2 級や準 1 級の受験者と同じようなミスを
犯してしまう傾向があります。ここで紹介するミスは、準 1 級、1 級の受験者が実際に
書いたエッセイから集めたものも多く含まれています。ここでもう一度基本に立ち返り、
試験合格に向けて確実に足場を固めていきましょう。まずは 1 位～ 10 位からです。そ
れではさっそく参りましょう！

## ✕ 間違いランキング　1位

### **however を接続詞として使ってしまう。**
→ **however** は「副詞」！　文をつなぐ場合は **but** を用いよ！

however を接続詞と勘違いしてしまい、次のように書いてしまうミスが非常に目立ち
ます。

❌ Technological development has had a great positive impact on
our lives, ~~however,~~ it has also created a number of problems.
（テクノロジーの進歩は我々の生活に大きな好影響を与えたが、多くの問題も生み出した）

このように **however** は **SV** と **SV** をつなぐことはできないので、以下のように接続
詞の but を用いるか、文を切ってから文頭で用いるようにしましょう！

▶ but を用いた例
• Technological development has had a great positive impact on our
lives, **but** it has also created a number of problems.

▶ however を文頭で用いた例
• Technological development has had a great positive impact on our
lives. **However,** it has also created a number of problems.

このようなミスを防ぐために however を用いる際は必ず前後の SV をチェックする
習慣を付けましょう！

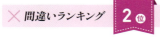

## 可算名詞、不可算名詞を混同してしまう。
→ 次の頻出する名詞を徹底マークせよ！

可算名詞（数えることができる名詞）と不可算名詞（数えることができない名詞）の使い分けはなかなかチャレンジングですが、次に挙げる準 1 級のライティングで必要となる代表的な名詞は押さえておきましょう！

▶ 意味が似ている可算・不可算の使い分け Top 5

|  | 可算名詞 | 不可算名詞 |
|---|---|---|
| 問題 | cause problems | cause trouble |
| 進歩 | make great advances | make great progress |
| 仕事 | apply for jobs | apply for work |
| 研究 | do some studies | do some research |
| 広告 | television advertisements | television advertising |

▶ よく使う不可算名詞 Top 10（通常 a/an が付いたり、複数形になりません）

| | |
|---|---|
| 援助系 | support / assistance / advice / feedback |
| 情報系 | information / news / evidence |
| 感情・性質系 | happiness / motivation / kindness / stress / fun |
| エネルギー系 | energy / electricity / water / sunlight |
| 作業・労働系 | housework / homework / employment / labor |
| レジャー・活動系 | leisure / entertainment / shopping / travel / training |
| 交通系 | public transport[transportation] / traffic |
| 損害系 | damage / harm / destruction |
| 集合名詞 | furniture / equipment / accommodation / baggage [luggage] |
| その他 | access / peace / freedom / health / pollution / air / garbage / appearance |

上記にはいくつか例外はありますが、例外を準 1 級のライティングで使うことは極めてまれなので、原則不定冠詞 a/an は付けない、複数形にならない、と覚えておきましょう。

## ✕ 間違いランキング **3**位

> 唐突に first(ly)、second(ly) と書いてしまう。
>
> → 何について first(ly)、second(ly) か概念を明確にせよ！

これは理由や具体例を挙げようとして「第一に」「第二に」のように例を並べる際に使われる **signpost**（読み手、聞き手に対し今から述べる内容を明確にするための目印）ですが、何について first(ly)、second(ly) なのかが不明瞭なエッセイが目立ちます。次がその例です。

> ✕ Country life is better than city life. First(ly), the cost of living in a city is usually much higher than in a small town or village. Second(ly), urban areas tend to suffer from more social problems such as high crime and poverty rates than rural areas.

何についての first(ly) か second(ly) かが不明なので次のように概念を明確にしましょう！

> ◎ Country life is better than city life for the following two reasons. First(ly), the cost of living in a city is usually much higher than that in a small town or village. Second(ly), urban areas tend to suffer from more social problems such as high crime and poverty rates than rural areas.

for the following two reasons（以下の 2 つの理由から）のようにカテゴリーが明確になっていますね。あるいは少し変えて次のように書くことも可能です。

> ◎ City life has several disadvantages. First(ly), the cost of living in a city is usually much higher than that in a small town or village. Second(ly), urban areas tend to suffer from more social problems such as high crime and poverty rates than rural areas.

これは **several disadvantages**（いくつかのデメリット）と最初に示してその内容を first(ly)（1 つ目は）、second(ly)（2 つ目は）のように列挙しているのがおわかりいただけると思います。

ですので、first(ly)、second(ly) を用いる場合は、事前に概念（reason：理由、advantage：メリット、disadvantage：デメリット、等）が示されているか、毎回チェックしましょう。

## ✕ 間違いランキング **4**位

> ## 定冠詞 the が抜けている。
> → 次の the が必須の名詞を徹底マークせよ！

これは英検 1 級受験者にもよく見られるミスですが、the の付け忘れが非常に目立ちます。定冠詞 the に関する全てのルールを網羅することはできませんが、ライティングで必要な次の項目は必ず押さえておきましょう！

▶ the が必要な名詞一覧

■「環境」を表す名詞
the environment / the sea / the sky / the earth / the atmosphere

■「〜産業」を表す名詞
the manufacturing industry（製造業）/ the car industry（自動車産業）
the service industry（サービス業）

■「特定の人（の集団）」を表す名詞
the rich / the poor / the young / the elderly / the homeless
the unemployed（失業者）

■「対比」を表す名詞
the city ⟷ the countryside / the right ⟷ the left
the North Pole（北極）⟷ the South Pole（南極）

■「年代」を表す名詞
in the 1980s（1980 年代に）/ in the late 21st century（21 世紀後半に）
→ ただし年齢を言う場合は one's のように所有代名詞を用います。
in her 30s（彼女が 30 代の時に）

■「その他」
楽器類：the piano / the guitar　通貨：the yen / the dollar
[the Olympics / the Olympic Games] / the Internet /
the world / the working environment（職場環境）等

この他にも例外や別の項目もありますが、準 1 級試験では上記の基本的な用法を押さえておけば問題ありませんのでしっかりとマスターしておきましょう！

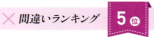

## 不自然なコロケーションで語彙を使ってしまう。
→ 常に自然な語と語の結びつきを意識して語彙学習をせよ！

コロケーション（collocation）とは語彙学習において非常に重要な要素で、「語と語の自然な結びつき」を意味します。例えば、「値段が高い」は自然な日本語ですが、「値段が大きい」は不自然な日本語です。これは「値段」と「大きい」の相性が悪いからで、英語においても同様に、例えば「重い病気」は heavy disease とすると不自然であり誤ったコロケーションです。正しくは serious disease と表現します。語彙学習をする際は、相性が良い語のセットをフレーズで覚えると学習効果が倍増します。英検準1級のライティングで運用する機会が多いコロケーション Top 10 は必ず押さえておきましょう！

▶ エッセイ・ライティング重要コロケーション Top 10

|  | 正 | 誤 |
|---|---|---|
| 問題を解決する | solve a problem | ~~answer~~ a problem<br>~~improve~~ a problem |
| ~に害を与える | cause damage to ~ | ~~give~~ damage to ~ |
| 技術を高める | improve one's skill | ~~raise~~ one's skill |
| ~に影響を与える | have an [effect / influence] on ~ | ~~give~~ an [effect / influence] on ~ |
| 成功を得る | achieve success | ~~get~~ success |
| 子供を育てる | raise children | ~~grow~~ children |
| 環境を守る | protect the environment | ~~defend~~ the environment |
| ~の知識を得る | [acquire / gain] knowledge of ~ | ~~get~~ knowledge of ~ |
| 理由を述べる | give a reason | ~~say/tell~~ a reason |

これらは非常に間違えやすいコロケーションですので必ずセットで暗記するようにしましょう！

## ✕ 間違いランキング 6位

> **due to / because of 等の前置詞句の後ろで SV を使ってしまう。**
> → due to / because of の後ろには名詞を従えよ！

[due to / because of] ～（～が原因で）は「前置詞句」なので次の例文のように SV を従えることはできません。

- ✕ The air quality in cities is usually low [~~due to / because of~~] heavy traffic causes pollution.

[due to / because of] を用いる場合は次のように「名詞句」を従えます。

- ○ The air quality in cities is usually low [due to / because of] pollution from heavy traffic.
  （交通渋滞による汚染が原因で都市の大気質は低いことが多い）

同様に [in spite of / despite] ～（～にもかかわらず）も同様に前置詞句なので名詞句を従えます。次の例文でチェックしておきましょう。

- ✕ Many people choose to move to urban areas [in spite of / despite] ~~the cost of living is high~~.
- ○ Many people choose to move to urban areas [in spite of / despite] their high cost of living.
  （生活費が高くつくにもかかわらず都市部に移住することを選ぶ人が多い）

SV を従えて書く場合は、それぞれ [due to / because of] は because SV で、[in spite of / despite] は although SV のように書くようにしましょう。

- ○ The air quality in cities is usually low **because** heavy traffic causes pollution.
- ○ Many people choose to move to urban areas **although** the cost of living is high.

## ✕ 間違いランキング 7位

> **at first と at last の使い方を誤ってしまう。**
> → at first は「初めの段階では」、at last は「ようやく」と認識せよ！

これは日本語訳につられて起こしてしまいがちな語法のミスですが、at first を使う

と、「最初は〜だったが、その後は…」のように心情や状況の変化を暗示します。次の例文で at first の運用ミスを確認しておきましょう。

- I think that the government should take effective measures to reduce traffic congestion in cities. ~~At first,~~ First(ly), they should increase the number of railway lines.
  （政府は都市部の交通渋滞を緩和するために効果的な対策を取るべきだと思います。まず初めに鉄道の路線の数を増やすべきです）

この場合は例を挙げているので at first ではなく、上記のように first(ly) とする必要があります。at first は次のように変化を表す場合に用いるのが適切です。

- The government at first decided to build more roads to reduce traffic congestion in cities, but it later chose to increase the number of railway lines.
  （都市部の交通渋滞を緩和するために、まず初めに政府は道路の建設を進めることを決めたが、後に鉄道の路線数を増やすことにした）

同様に at last は「最後に」という意味ではなく、「（長期間の紆余曲折を経て）ようやく、ついに」ということを暗示します。ですので、例を挙げて「最後に」とする場合は lastly や finally を使うようにしましょう！

- [Lastly / Finally], encouraging the use of bicycles is an effective way to improve the air quality in cities.
  （最後に、自転車の利用を促すことは都市部の空気の質を向上させるために効果的な方法のひとつです）

✕ 間違いランキング **8**位

## increase / decrease の主語を人や物にしてしまう。
→ 主語は「数」や「量」のように測定できる名詞にせよ！

increase や decrease を使う場合は主語が人や物になっていないか細心の注意が必要です。次の例文でそのミスをチェックしましょう

- ✕ Young people who get a job straight after school has increased in recent years.
- ◯ The number of young people who get a job straight after school has increased in recent years.
  （近年では学校を卒業してすぐ仕事に就く人が増えた）

このような場合、number の他にも amount（量）、price（値段）、value（価値）などがよく主語として用いられますが、抽象名詞（demand、difficulty など）が主語になることもあります。

> ⭕ **The popularity of online shopping** has greatly **increased** over the last decade.
> （過去 10 年でオンラインショッピングの人気は大幅に上昇した）

どのような名詞が主語になっているかは理解できましたか？　このことから、increase / decrease を用いる場合は必ず主語をチェックする習慣を付けておきましょう！

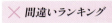 

## **learn** と **learn about** の使い分けができない。
→ **learn** は「スキルを身につける、磨く」、**learn about** は「知識を広げる」と覚えよ！

これは英検 1 級受験者にも頻繁に見られる間違いで、注意すべき語法ミスの代表格と言えます。いくつかの例文で learn と learn about の違いを確認しておきましょう！

▶「日本文化について学ぶ」
 [❌ learn / ⭕ learn about] Japanese culture
 「日本文化について知識を広げる」という意味なので learn about が適切

▶「コンピュータスキルについて学ぶ」
 [⭕ learn / ❌ learn about] computing skills
 「身につけようと頑張る」という意味なので learn が適切

最後に次の①と②の表現はそれぞれどういった違いがあるでしょうか？

 ① learn foreign languages　　② learn about foreign languages

①は「外国語を身につけようとする、語学力を磨く」、②は「外国語に関する知識（どのような言語が世界中で話されているか、言語の成り立ちなど）を広げる」となります。
コンテクストに合うように適切な語を選ぶことを心がけましょう！

## ✗ 間違いランキング 10位

> **although と but を二重に使ってしまう。**
> → although を文頭で使う場合は後続の SV に不要な but がついていないか確認せよ！

although は「接続詞」ですが、1 文の中に but を混在させているミスが目立ちます。次の英文で正誤を確認しておきましょう。

✗ **Although** more and more people read news on the Internet, ~~but~~ newspapers will probably remain the most important source of news.

○ **Although** more and more people read news on the Internet, newspapers will probably remain the most important source of news.
（インターネットでニュースを読む人が増えているが、新聞はニュースを発信する重要な情報源であり続けるだろう）

although を用いる場合は、後続の文に but などの**不要な接続詞が入っていないか**を確認する習慣を付けておきましょう！

お疲れさまでした。10 位まで見てきましたが、なぜ間違っているかという観点から理解することができましたか？ このトップ 10 は意外に無意識のうちに犯していることが多いミスなので、その都度確認しましょう。そして最終的には意識しなくても間違えることがないよう定着させていきましょう！

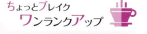

### ✨ make [me/us] happy は卒業しよう

　スピーキングに限らずライティングでも make [me / us] happy という表現を頻繁に見かけますが、ワンランクアップを目指すのであればこのような幼稚な英語は卒業しましょう。特に happy は general word（一般的な広い意味を表す言葉）のため、どのように happy なのか曖昧な単語です。つまり、意味がより明確な specific word を使うことが大切です。次のように単語のレベルをアップさせることで表現に幅が出ます。次に紹介する 3 つの表現を積極的に使い運用力を高めていきましょう！

- improve the quality of life: 生活の質を向上させる

   **Having something to live for improves the quality of life.**
   （生きがいを持つことで生活の質が向上します）

■ have a positive effect on ～　～にプラスの影響を与える

**The introduction of tablet computers to schools has had a positive effect on communication between teachers and students.**
(学校にタブレットコンピュータを導入することで教師と生徒のコミュニケーションにプラスの影響が出た)

■ be (highly) beneficial to ～　～にとって（大きな）メリットとなる

**Eating plenty of fruit and vegetables is highly beneficial to health.**
(十分な量のフルーツと野菜を頻繁に食べることで健康にプラスになります)

　このように少し表現を変えることでワンランク上の表現を運用できるようにしていきましょう！

　それでは11位〜20位までのランキングを取り上げます。続けて参りましょう！

✕ 間違いランキング　**11**位

**for example の後に名詞を列挙してしまう。**
→ for example は文中で使うか、後ろに SV を従えよ！

for example は「副詞」扱いなので次のように名詞を並べる文は誤りです。

✕ When choosing a job, we need to consider many factors. ~~For example~~, salary, location and social reputation.

名詞を列挙する場合は以下のように [such as / including] を用いるか、**for example** を文中で用いる方法があります。

⦿ When choosing a job, we need to consider many factors, **[such as/ including / for example,]** salary, location and social reputation.
(仕事を選ぶ際は多くの要素を考慮に入れる必要があります。例えば給与、勤務地、そして社会的評判などがあります)

あるいは次の例文のように文頭で For example, S V. のように書くことが可能です。

⦿ When choosing a job, we need to consider many factors. **For example,** a positive working atmosphere and good fringe benefits can make working life more satisfying.

＊ fringe benefits 給与以外に従業員に与えられる手当てなどの待遇

041

## ✕ 間違いランキング 12位

> 現在完了形で書くべきところを過去形で書いてしまう。
> → 今も継続している場合は現在完了形を使うようにせよ！

　これは日本語訳につられて犯してしまいがちなミスです。例えば「近年では女性がキャリアを求めるのは一般的なことになった」という日本語を誤訳してしまったのが次の文です。

- ✕ It ~~became~~ normal for women to pursue a career in recent years.

　このように過去形にしてしまうと「過去の事実、出来事」を意味するので、今も続いているかは不明で、焦点は過去に当たっています。ですので上記は次のように訂正する必要があります。

- ◯ It **has become** normal for women to pursue a career in recent years.

　こうすることで現在もその状況が続いていることを表すことができます。英文を書く際は昔の出来事なのか、現在も継続していることなのか、という観点から考慮し、適切な時制を選択するようにしましょう！

## ✕ 間違いランキング 13位

> **affect** と **effect** を混同してしまう。
> → **affect** は「動詞」、**effect** は「名詞」と認識せよ！

　affect と effect は意味が類似していることから誤用してしまうミスが目立ちます。affect は次のように動詞で用います。

- Technology has positively **affected** communication between people.
  （テクノロジーは人間が行うコミュニケーションに良い影響を与えた）

　一方 effect は通常 have an effect on 〜「〜に影響を与える」という名詞用法で使われます。先ほどのコロケーションでも少し紹介しましたが、日本語につられて **give an effect on 〜**としないように注意しましょう！

- Technology has **had a positive effect on** communication between people.

　affect と effect を用いる場合は「品詞チェック」を習慣にしましょう！

## ✕ 間違いランキング 14位

**動詞の challenge の意味を「〜にチャレンジする」と勘違いしてしまう。**
→「〜にチャレンジする」とする場合は try を用いよ！

　動詞の **challenge** は「疑問に感じて異議を唱える」という意味であり、日本語の「〜にチャレンジする」とは意味が異なるので要注意です。例えば「今日の若者の多くは、新しいことにチャレンジするのを躊躇する傾向にある」を英語に訳す場合、次の英語は不自然です。

✕ Many young people today tend to hesitate to ~~challenge~~ new things.

　ここで challenge を try に変えることで自然な英語になります。

◯ Many young people today tend to hesitate to **try** new things.

　ちなみに **challenge** を名詞で用いると「（やりがいがあって）大変なこと」、**challenging** にすると形容詞で「（やりがいがあって）大変な」の意味になります。

- overcome the biggest **challenge** of one's career
（仕事で最も大きな困難を乗り越える）
- a **challenging** research project
（大変なリサーチプロジェクト）

## ✕ 間違いランキング 15位

**therefore を接続詞と勘違いしてしまう。**
→ therefore は副詞！ 文をつなぐ場合は接続詞 so を用いよ！

　therefore は 1 位で紹介した however 同様に接続詞と勘違いして誤用してしまう副詞の代表格のひとつです。次のような使い方は誤りですのでチェックしておきましょう。

✕ The world's population is projected to increase significantly, ~~therefore,~~ we will need much more food and energy in the future.

　よって文をつなぐ場合は**接続詞 so** を使うか、あるいは **and therefore** のように接続詞の **and** と一緒に用いることで以下のように正しい文章ができます。

◎ The world's population is projected to increase significantly, [so / and therefore], we will need much more food and energy in the future.
（世界の人口は大幅な増加が予測されるので、将来はさらに食べ物とエネルギーが必要になります）

### ✨基本動詞をもう一度振り返ろう

　基本動詞（have、take、get、give、make などの初級レベルの語）を用いた表現はすでに学習した人が多いと思います。例えば「薬を飲む」は drink medicine ではなく take medicine、「努力をする」は do an effort でなく、make an effort のように表すことはご存知ではないでしょうか。しかしながら、これも指導経験から言えることですが、準 1 級の受験者であっても基本動詞を用いた表現でミスをしてしまうケースが見られます。ここでは再度確認の意味も込めてもう一度基本動詞の用法を振り返っておきましょう。次に示された英語に関して①〜⑤は最も適当な語を [　] から 1 つ選び（2 つ以上可能な問題も含まれます）、⑥〜⑩は適切な動詞を 1 語入れてください。

| | | |
|---|---|---|
| ① ボランティア活動をする | [ do / make / take ] | volunteer activities |
| ② 海外旅行をする | [ do / take / give ] | an overseas trip |
| ③ 行動を起こす | [ do / make / take ] | action |
| ④ 〜について決断する | [ do / make / take ] | a decision on 〜 |
| ⑤ スピーチをする | [ do / make / take ] | a speech |
| ⑥ 家事をする | [　　　　　　] | the housework |
| ⑦ 危険を冒して do する | [　　　　　　] | a risk to do |
| ⑧ 〜において進歩する | [　　　　　　] | progress in 〜 |
| ⑨ 〜への対策をとる | [　　　　　　] | measures against 〜 |
| ⑩ 〜に対する責任をとる | [　　　　　　] | responsibility for |

　いかがですか？　自信をもって答えることができましたか？　それでは答え合わせをしておきましょう。

解答
　① do　② take　③ take　④ make/take　⑤ make（give も可能）
　⑥ do　⑦ take　⑧ make　⑨ take　⑩ take

　間違った箇所はダブルチェックして本番に備えましょう。それでは続けて 16 位〜 20 位です。気合を入れ直して参りましょう！

## ✕ 間違いランキング 16位

> **will は常に「〜だろう」を意味すると勘違いしてしまう。**
> → will =「〜だろう」の認識は捨て、「〜だ」の思考に変えよ！

　will の意味は「〜だろう」と覚えている人がほとんどですが、その認識は捨てるほうが賢明です。**will は通常「確定的未来」**を表すので例えば以下のような英文を作ると不自然に響きます。

⚠️ E-papers have become much more popular than in the past, so printed newspapers **will** no longer be needed in the future.
（オンライン新聞は昔に比べてはるかに普及したので、紙の新聞は将来必要でなくなる）

　これだと 100% 必要でなくなるという響きがあるので「〜だろう」と語気を和らげるためには I think that S will V. のように I think を用いるか、probably や likely のように will と相性の良い副詞を用います。

🔵 E-papers have become much more popular than in the past, so **I think** that printed newspapers **will** no longer be needed in the future.

🔵 E-papers have become much more popular than in the past, so printed newspapers **will [probably / likely]** no longer be needed in the future.

　また、定型表現として I hope を用いて、I hope S will do.「S が do すればいいなあ」、また特に会話では「その場で決断した未来のこと」を表すこともできます（通常短縮形）。

• I'll call you tonight. （今晩電話するね）
　→ 今晩電話することを「今決断した」という意味です。

　will をライティングで使用する際は、確実性に応じて、ここで紹介した表現を適切に使い分けるように心がけましょう！

045

## 間違いランキング **17**位

### especially を文頭で使ってしまう。
→ especially は文中で用い、文頭で用いる場合は in particular を用いよ！

especially（特に）は「文頭ではなく文中で用いる」という語法のルールを覚えておきましょう。次の用法は誤りとされます。

❌ The government should aim to improve public services. ~~Especially~~, healthcare needs to be reformed the most.

⭕ The government should aim to improve public services, especially healthcare.
（政府は公共サービス、特に医療の分野の改善に取り組む必要がある）

文頭で「特に」という場合は次のように in particular を使うようにしましょう。

⭕ The government should aim to improve public services. In particular, healthcare needs to be reformed the most.

## 間違いランキング **18**位

### A such as B の文で A と B のカテゴリーが異なっている。
→ B は A に含まれるものか、常に確認せよ！

such as 〜（〜のような）を用いる場合は such as の前の名詞に〜が含まれているかをチェックすることが重要です。次の例文でそのミスを確認しておきましょう。

❌ The government should spend more money on healthcare, such as cancer and stroke.
（政府は癌や脳卒中などの医療にもっとお金を使うべきである）

cancer と stroke は healthcare の例ではありませんのでこれは誤った使い方です。

⭕ The government should spend more money on the prevention of serious diseases such as cancer and strokes.
（政府は癌や脳卒中などの深刻な病気の予防にもっとお金を使うべきである）

この場合は serious diseases の中に cancer と stroke が含まれるので正しい用法です。

これは類義の like（〜のような）や including（〜を含めた）を用いる際も同じです。これらの用法を使う場合は必ず B が A に含まれているかを確認するようにしましょう！

## ✕ 間違いランキング 19位

> 「起こりえない未来の出来事」にも will を用いてしまう。
> → 「実現する可能性がない、極めて低い」場合は would を選択せよ！！

　未来のことを表す際は時制に注意が必要で、特に文の内容が「実現する可能性があるのか」という観点から考える必要があります。例えば次の例文で時制のミスを確認しておきましょう。

✕ Without public transport, our lives **will** be extremely inconvenient.

　will を用いて仮定法現在で表してしまうと、「実現する可能性がある」ことになってしまいます。しかしながら、実際のところ公共交通機関がなくなることはまずあり得ないので、次のように仮定法過去を使わなければいけません。

〇 Without public transport, our lives **would** be extremely inconvenient.
（公共交通機関がないと、我々の生活は極めて不便になるだろう）

　未来のことを表現する際には必ず実現する可能性を考慮したうえで will か would か、慎重に選択しましょう。

## ✕ 間違いランキング 20位

> **Because S V.** で文が完結してしまう。
> → because は接続詞なので必ず S V because S' V'. のように文をつなぐこと！

　これは準2級、2級の受験者の間ではトップ3に入る頻度の高いミスですが、準1級受験者にも時折見られる誤りです。because は「接続詞」であり、必ず文と文をつなぐ役割を果たすので、Because S V. だけで使うことはできません。
　次の例文で確認しておきましょう。

✕ Many high school students choose to go on to university. **Because** they think it is the best route to a successful career.

〇 Many high school students choose to go on to university **because** they think it is the best route to a successful career.
（大学に進学することを選ぶ高校生が多い。これは、それがキャリアの成功につながる最善の方法と考えているからです）

047

ただし **This is because S V.** のように This is を付けることで次のように書くことは可能です。

○ Many high school students choose to go on to university. **This is** because they think it is the best route to a successful career.

これで 20 位まで終了です。お疲れさまでした。もしかすると準 2 級や 2 級の受験対策の際に目にした項目もあったのではないでしょうか？ 一旦対策勉強から間隔が空いてしまうと忘れがちになってしまうので、もう一度基本に返り再チェックを行いましょう！

## ✨前置詞の正確な使い方をもう一度振り返ろう

ここではライティングでミスの多い前置詞の用法に焦点を絞って取り組んでいきましょう。では次の英文を見て示された英語に関して①〜⑤は最も適当な語を [   ] から 1 つ選び、⑥〜⑩は適切な前置詞を 1 語入れてください。

① 〜に関心を示す　　　　　　　　　show an interest [to / for / in] 〜
② 豊かな歴史で有名である　　　　　be famous [to / for / as] its rich history
③ 歴史名所として有名である　　　　be famous [to / for / as] a historical site
④ 生活スタイルの変化　　　　　　　changes [in / of / for] people's lifestyles
⑤ お手頃な価格で車を購入する　　　buy a car [on / at / in] a reasonable price
⑥ 公共事業にお金を遣う　　　　　　spend money [　　　] public services
⑦ 効率性を重視する　　　　　　　　attach importance [　　　] efficiency
⑧ 田舎の生活より都会での生活を好む　prefer city life [　　　] country life
⑨ 一生懸命勉強する理由　　　　　　a reason [for / of / to] studying hard
⑩ 病気が広がることを防ぐ　　　　　prevent disease [to / for / from] spreading

いかがですか？ 全て自信をもって答えることができましたか？ それでは答え合わせをしておきましょう。

**解答**

① **in**
② **for**　③ **as**
　be famous for 〜（〜で有名である）と be famous as 〜（〜として有名である）の違いを再確認しておきましょう！

④ **in**
　changes in 〜（〜における変化）
　日本語に惑わされて of としないこと！

⑤ **at**

具体的な金額がくる場合は for を用います。 buy a car for $5,000（5000 ドルで車を買う）

⑥ **on**

spend money on 〜 はセットフレーズです。

⑦ **to**

attach A to B のように attach は前置詞 to と良く結びつきます。類義表現の focus on 〜（〜を重視する）や concentrate on（〜に集中する）は共に on を取るので使い分けに注意しましょう！

⑧ **to**

日本語に惑わされて than としないように注意！

⑨ **for**
⑩ **from**

「妨害」「防御」「禁止」を表す動詞の前置詞は通常、次のように from をとります。

**protect A from B**（A を B から守る）　　　**keep A from doing**（A に do させない）

**[prevent / hinder] A from doing**（A が do することを妨げる）

**[prohibit / ban] A from doing**（A が do することを禁止する）

前置詞のチェックは終わりましたか？ それではあと一息、ラストスパートです。最後の21 位〜 25 位に参りましょう！

---

╳ 間違いランキング **21位**

## 人を主語にできない形容詞を誤用してしまう。
→ 特に possible と necessary の用法には注意すべし！

possible（可能な、可能性がある）と necessary（必要な）は共に通常人を主語にして使うことはないので語法には注意が必要です。次のような文は誤りです。

- ╳ Young children are ~~necessary~~ to learn foreign languages at school.
- ╳ Women have become ~~possible~~ to take childcare leave in many companies.

この 2 語は通常 it is necessary/possible（for 人）to do のように形式主語を用いて表現します。

049

◎ **It is necessary** for young children to learn foreign languages at school.
（子供は学校で外国語を学ぶことが必要です）

◎ **It has become possible** for women to take childcare leave in many companies.
（多くの企業において女性は育児休暇を取ることが可能になった）

　これらの語を使う場合は主語のチェックを毎回行うようにしましょう！

---

✕ 間違いランキング **22**位

## （原形）不定詞と動名詞を混同してしまう。
→ 次の混同しやすい表現を徹底マークせよ！

　look forward to doing（do することを楽しみにしている）に代表されるように前置詞 to の後に動名詞句（doing）を従える不規則な表現があります。これらは混同しないように整理しておくことが重要です。次の動詞表現をもう一度確認し、不定詞と動名詞どちらが来るかチェックしておきましょう！

- object **to doing**　do することに反対する
- be [used /accustomed] **to doing**　do することに慣れている
- when it comes **to doing**　いざ do することになると
- with a view **to doing**　do する目的で
- devote oneself **to doing**　do することに注力する
- help 人 **(to) do**　人が do する手助けとなる
- All one has to do is **(to) do**　〜は do しさえすればよい
- have no choice but **to do**　do する以外ない

---

✕ 間違いランキング **23**位

## 文頭で **And / But** を使ってしまう。
→ 文頭での使用は原則不可！ 接続詞として運用すること！

　And と But は、これらは文と文をつなぐ役割を果たす接続詞なので、And / But S V. とすることは原則不正確です。中には And / But の文頭での使用をよしとするネイ

ティブスピーカーもいますし、雑誌や新聞でもこのような用法も見られますが、英検をはじめとした各種英語資格検定試験のライティングにおいてはこの用法は避けるようにしましょう。

▶ and の用法

❌ These days more fathers stay at home. ~~And~~ they take care of their children.

⭕ These days more fathers stay at home and take care of their children.
（今日では、家にいて子供の世話をする父親が増えている）

▶ but の用法

❌ More and more people are moving to cities in search of a better life. ~~But~~ city life can be extremely difficult.

⭕ More and more people are moving to cities in search of a better life but city life can be extremely difficult.
（よりよい生活を求めて都市部に移住する人が増えているが、そこでの生活は非常に大変なことがある）

✕ 間違いランキング

## almost =「ほとんど」と覚えているため誤用してしまう。
→ almost は「一歩手前」と覚えよ！

　まず品詞に関してですが、混同しがちな **most** は「形容詞」、**almost** は「副詞」だということを肝に銘じ、そして almost は「ほとんど」と覚えるのではなく、「**一歩手前**」と覚えておきましょう。次の例文はよく見られる almost の誤った用法です。

❌ ~~Almost~~ international students experience culture shock.

　almost は副詞なので名詞の international students（留学生）を修飾することはできません。ですので、次の例文のように形容詞を修飾する形に訂正する必要があります。

⭕ **Almost all** international students experience culture shock.
（ほぼ全ての留学生はカルチャーショックを経験する）
→ all の「一歩手前」という意味です。

　あるいは形容詞の most を用いて次のように書くこともできます。

◯ **Most** international students experience culture shock.

また、次のように動詞を修飾することも可能です。

◯ The project **almost** failed.
（その計画は危うく失敗するところだった）→ fail する一歩手前ということ

almost を用いる際は名詞でなく、形容詞を修飾しているか（動詞も可）というチェックを心がけましょう！

✕ 間違いランキング

## 最上級で名詞が抜けてしまう。
→ 常にどのカテゴリーでの最上級かを意識しせよ！

まずは次の英文のどこがまずいか考えてみましょう。

✕ Air pollution appears to be the most serious in many developed countries.
（大気汚染は多くの先進国で最も深刻であるように思われる）

わかりましたか？ それは「**名詞が抜けている**」という点です。つまり「最も深刻な何なのか？」いうカテゴリーが欠けているのです。「最上級を使う際は the を付けること」と中学では習いますが、この the は形容詞につく the ではなく**名詞に付く the** なのです。この文は次のように名詞を明確にすることで正確な英文になります。

◯ Air pollution appears to be the most serious **problem** in many developed countries.
（大気汚染は多くの先進国で最も深刻な問題であるように思われる）

ですので省略されている場合を除いて、最上級を用いる際は the に付随する名詞を常に意識して使用するようにしましょう！

以上でエッセイ・ライティングで頻度が非常に高いミス Top 25 は終了です。お疲れさまでした。先にも述べましたがこれらの項目は何度も見直して体にしみ込ませておきましょう。それでは最後は番外編をチェックして締めくくりましょう！

**番外編**

# テスト直前ファイナルチェック15

ここではランキングには入りませんでしたが、頻度の高い文法・語法のミスをテスト前に最終確認しておきましょう。

## 1 encourage と discourage の用法をファイナルチェック！

encourage は encourage A **to do**（A が do するよう促す）のように前置詞は**to**とセットで、一方 discourage は discourage A **from doing**「A が do する気をなくさせる」のように **from** とセットで用いるので、前置詞の違いをしっかりと確認しておきましょう！

- **encourage** students **to work** hard（学生に頑張るように促す）
- **discourage** students **from working** hard（学生に頑張る気をなくさせる）

## 2 lead to / contribute to の用法をファイナルチェック！

lead to ～（結果的に～につながる）と contribute to ～（～の原因となる）の～には原形動詞ではなく、動名詞か名詞が来るので要注意です。次の例文で再確認しておきましょう！

Heavy traffic **contributes** to air pollution.
（交通渋滞は大気汚染の原因となる）

Eating too much junk food can **lead to** an increased risk of diabetes.
（ジャンクフードの食べ過ぎは糖尿病のリスクが高まることがある）

## 3 prepare と prepare for の違いをファイナルチェック！

prepare ～ は「～を準備する」、prepare for ～「～に備える」とそれぞれ意味が異なるので次の例で意味の違いを確認しておきましょう！

「食事を準備する」 **prepare** meals
「地震に備える」 **prepare for** an earthquake

## 4 communication の用法をファイナルチェック！

「コミュニケーションをとる」を have communication(s) with ～ と表現している受験生のエッセイを目にすることがありますが、これは不自然な英語です。「～とコミュニケーションをとる」は次の表現を用いましょう。

- **communicate/interact with ～ / have an interaction with ～**

## 5 ▶ discuss の用法をファイナルチェック！

「〜について議論する」は日本語につられて discuss about としてしまうミスが目立ちます。常に「**discuss は他動詞なので about は不要**」というマインドをもっておきましょう。

- Students should be encouraged to critically **discuss** the topic.
（学生はその話題について批判的に議論するように仕向けられるべきである）

## 6 ▶ provide の用法をファイナルチェック！

provide は通常 with あるいは for と一緒に用いますが、次の例文で用法の違いを確認しておきましょう。

「学生にコンピュータを提供する」

- provide A **with** B：A に B を与える
  provide students **with** computers

- provide A **for** B：A を B に与える
  provide computers **for** students

## 7 ▶ rise と raise の違いをファイナルチェック！

rise は目的語を取らない「**自動詞**」、raise は目的語が必要な「**他動詞**」です。次の例文でその違いを確認しておきましょう。

▶ rise

- House prices in London have significantly **risen** over the last ten years
（ロンドンの住宅価格は過去 10 年で大幅に上昇した）

▶ raise

- The government should **raise** taxes on cigarettes immediately.
（政府は直ちにたばこ税を上げるべきだ）

## 8 ▶ until と by の違いをファイナルチェック！

日本語で「〜まで」と覚えるのではなく、**until は「継続」、by は「期限」**という概念で認識しておくとミスを防ぐことができます。次の例文でもう一度確認しておきましょう！

- work hard **until** the problem has been solved
（その問題が解決するまで頑張る）
  →「継続」

- be required to submit assignment **by** tomorrow
（明日までに課題を提出しなければいけない）
  → 「期限」

**9** used to do と be used to doing の違いをファイナルチェック！

used to do は「昔は do した」、be used to doing は「do することに慣れている」という意味の違いがありますので、次の例文でもう一度チェックしておきましょう！

- Many women **used to quit** their jobs once they married.
（昔は結婚すると仕事を辞めてしまう女性が多かった）
- Some Japanese people **are used to making** speeches in English.
（英語でスピーチをすることに慣れている日本人もいる）

**10** the number of と a number of の違いをファイナルチェック！

the number of 〜 は「〜の数」、a number of 〜 は「多くの〜」とそれぞれ意味が異なるので用法に注意しましょう。

- **The number of** international students to Australia **is** increasing year by year.
（オーストラリアへの留学生は年々増加している）
  → **主語は単数扱い**
- **A number of** measures **were** taken to solve the problem.
（その問題を解決するために多くの方策がとられた）
  → **主語は複数扱い**

**11** occur と reduce の用法をファイナルチェック！！

この 2 語はランキングで紹介した動詞以外では、非常にミスの多い動詞です。まず**occur は受け身での使用は不可**です。

- ❌ The September 11 attacks ~~were occurred~~ in 2001.
- ⭕ The September 11 attacks **occurred** in 2001.
（9.11 の同時多発テロは 2011 年に起こった）

一方 reduce は他動詞が一般的なので次の用法は避けましょう。

- ❌ The working population in Japan will ~~reduce~~ significantly because of the declining birthrate.

この場合は **decrease** や **drop** を使うと自然な英語になります。次の例のように reduce は他動詞で用いるようにしましょう。

055

◎ Declining birthrate will significantly reduce the working population in Japan.
（出生率低下のために、労働人口は大幅に減少する）

### 13 ▶ abroad の用法をファイナルチェック！

abroad は副詞のため前置詞は不要なことから、次のようなミスに注意しましょう。

❌ [work / live / study] ~~to~~ abroad

ただし「海外から」と表現する場合は from abroad のように from が必須なので要注意です。

• vote from abroad（海外から投票する）

abroad は副詞のみの用法ですが、同義を表す overseas は形容詞、副詞の両方の用法があります。

「海外旅行をする」 travel [abroad / overseas]
→ 副詞
「外国人観光客」 [◎ overseas / ❌ abroad] tourists
→ 形容詞用法なので abroad は不可

### 14 ▶ カタカナ英語をファイナルチェック！

ここではそのまま使うと通じないカタカナ英語をチェックしておきましょう。それぞれ次に示した英語で書くようにしましょう！

| | |
|---|---|
| ペットボトル： | plastic bottle |
| クーラー： | air conditioner |
| コンビニ： | convenience store |
| サラリーマン： | office worker / business person |
| イメージアップ： | improve one's [image/reputation] |
| アルバイトをする： | do a part-time job |

## 15 スペリングをファイナルチェック！

最後はスペリングミスの多い単語のチェックで締めくくりましょう。

次の日本語に合うように [　] に適切な単語を入れてみましょう。頭文字が指定されているのでそれに従って入れてください。

① 日本政府：　　　　　　the Japanese [G　　　　　　　　　]

② 環境問題：　　　　　　[e　　　　　　　　] problems

③ リサイクルショップ：　[r　　　　　　　　] shops

④ プロスポーツ選手：　　[p　　　　　　　　] sports player

⑤ 外国の映画：　　　　　[f　　　　　　　　] films

⑥ 生活スタイル：　　　　[l　　　　　　　　]

⑦ 晩婚：　　　　　　　　late [m　　　　　　　]

⑧ アルバイトをする：　　work [p　　　　　　　]

⑨ 日々の生活：　　　　　[e　　　　　　　　] life

⑩ 時々：　　　　　　　　[s　　　　　　　　]

それでは最後に答え合わせをしておきましょう！

### 解答

① Government　　→　n 抜けに要注意！！

② environmental　→　n 抜けに要注意！！

③ recycling　　　→　e と y の個所を混同しないように！

④ professional　　→　s を重ねるのを忘れないように！

⑤ foreign　　　　→　foreigner も同様に要注意！

⑥ lifestyle　　　　→　life style のように離して書かないように！

⑦ marriage　　　→　r を重ねるのを忘れないように！

⑧ part-time　　　→　part time のようにハイフンなしは不可！

⑨ everyday　　　→　形容詞なので every day のように離して書かない！

⑪ sometimes　　→　最後の s 抜けに要注意！

　以上でエッセイ・ライティングで頻出するミスのレクチャー＆トレーニングは終了です。お疲れさまでした。なかなかのボリュームだったと思いますし、意外に間違っていることに気づかないまま犯しているミスもあったのではないでしょうか。これらのミスをなくすコツは**毎回エッセイを書き終わるたびに、ここで紹介した項目を再度チェックしておくこと**です。こうすることでケアレスミスの少ないクオリティの高いエッセイが出来上がります。

**057**

# Chapter 4

## エッセイ・ライティングに必須！
## 類語の使い分け
## 重要度ランキング

## なぜ英語の類語の使い分けは英検準1級のライティングに必要か？

　英検の受験者が、ライティングで不適切な語彙を選んでしまう理由のひとつに、英和・和英辞典を使用することの弊害があります。日本語の単語とそれに相当する英単語との間には意味やニュアンスのギャップがかなりあるにもかかわらず、一語一訳で固定的に覚えてしまい、それがライティングの際に間違った語彙を選んでしまうことにつながります。

　解決方法としては、長期的には、英検2級レベルのときから英英辞典を活用し、一つひとつの単語がもつニュアンスをできるだけ広く・深く吸収するようにするアプローチがあります。今は便利な電子辞書やオンライン辞書（ロングマン、オックスフォード、マクミラン、ケンブリッジなど）が多数あるので、ぜひ今日から英英辞典を使い始めてください。

　短期的には、この章の類語の使い分け問題の練習を通して、最重要なものを効率よくマスターしてください。

　この章では、英検準1級の受験者がライティング試験で間違いを犯しやすい類語グループ19を厳選し、15個の問題演習と4個の補足項目を挙げながら特訓していきますので、ぜひ、マスターしましょう！

重要度ランキング

## [ わかる ]

　「わかる」を英語で表現するときになんでも **understand** ですまそうとする人がいますが、「そのうちわかる」なら **find out**、「解決策がわかる」なら **figure out**、「真価・良さがわかる」なら **appreciate** を使います。

▶「わかる」の類語使い分け問題チャレンジ！

**Q.** カッコ内に入る適切な語彙を選択肢から選びなさい。

① I don't (　　　　) what you are saying in English.
　（あなたが英語で話している内容がわかりません）

② I keenly (　　　　) how important education is.
　（いかに教育が大切であるかを痛切に実感した）

③ Consumers (　　　　　) the high quality of our products.
（消費者たちは我が社の高品質な製品の良さがわかる）

④ I couldn't (　　　　　) your face in the dark.
（暗闇で君の顔がわからなかった）

⑤ We can't (　　　　　) the best solution to the problem.
（我々はその問題の最善の解決法がわからない）

appreciate / figure out / realize / recognize / understand

## 解答

### ① understand

・言葉の意味・話す内容がわかる

understand the [meaning / message]

・状況・原因などがわかる

understand the [situation / cause] of ～

・人柄・物事の本質がわかる

understand [someone's character / the nature of ～]

### ② realized

・事実・状況がわかる（急に実感するなど物事の重要性がわかることを意味する）

realize the [fact / situation]

> ❗ realize の代わりに understand も OK。realize には他に「夢や目標を実現する realize one's [dream / goal]」の用法がある。

### ③ appreciate

・良さ・価値などわかる

appreciate the [value / quality] of ～

・（物事の）重大さ・深刻さがわかる

appreciate the [seriousness / importance]

> ❗ appreciate には「感謝する appreciate someone's help」の用法もある。

061

④ **recognize**
- （人の）容姿・声・場所を見分ける・識別する
  **recognize** someone's [face / voice / house]
- 価値・重要性などを認める
  **recognize** the [value / importance / need]

⑤ **figure out**
- （何らかの問題について考えて）その理由・解決策がわかる
  **figure out** [a solution / the reason]
- （人の）考え方・行動の理由がわかる
  **figure out** his [thinking / behavior]

この他にも下記の単語があります。

☐ **identify**
- 人や物事を見分ける・識別する
  **identify** someone's face
- 問題の原因・起源を特定する
  **identify** the [cause / origin] of the problem

皆さん、いかがでしたか？ 間違った問題は繰り返し復習しておきましょう！ では次の重要度ランキング第2位「思う」に参りましょう！

重要度ランキング

## ［思う］

「思う」を英語で言うときに何でも **think** を使う人がいますが、「予期する」なら **expect**、「疑問に思う」なら **wonder**、**doubt**、「感情的に思う」なら **find** を使います。

▶「思う」の類語使い分け問題にチャレンジ！

**Q.** カッコ内に入る適切な語彙を選択肢から選びなさい。

① I (　　　　) it very easy to memorize English vocabularies.
（英語の語彙を記憶するのは非常に簡単だと<u>思う</u>）

② I didn't (　　　　) to receive such a high salary.
（そんなに高い給料をもらうとは<u>期待して</u>いなかった）

062

③ Many people (　　　　　) whether the project would succeed.

（多くの人々がそのプロジェクトが成功するかどうかを疑問に思った）

④ The researchers (　　　　　) how many animals live in the region.

（研究者たちは地域にどれくらいの動物が生息するのかを推測した［見積もった］）

⑤ It is still impossible to (　　　　　) when the earthquake will happen.

（いつ地震が起きるのかを予測するのはいまだ不可能である）

- - - - - - - - - - - - - - - - - - - - - - - - - - - - - - - - - - - - - - - - - - -

estimate / doubt / expect / find / predict

**解答**

① **find**

- （ある物事への）感情や意見を持つ

  find it very difficult to pass the entrance exam

  （その入学試験に合格することは非常に難しいと思う）

② **expect**

- 起きる確率が高かったり、予定されていることなので当然起こると予想（期待）する

  expect that the consumption tax rate will rise next year

  （消費税が来年上がると予想する）

③ **doubted**

- （ある物事を）疑わしく思う・ありえないと思う

  doubt whether [if, that] the politician run for election

  （その政治家が選挙に立候補するかどうかを疑わしく思う）

④ **estimated**

- 価値・大きさ・速さ・コストなどを大雑把に推測する（見積もる）

  estimate that smoking reduces life expectancy by five years

  （喫煙は余命を5年縮めると推計する）

❗ 推測する内容が未来のことなら predict も OK。

⑤ **predict**
- ある物事が将来起きることを予測・予言する

  **predict** [that / whether] the population will decrease
  （人口が減少 [すると／かどうかを] 予測する）

> ❗ forecast は「天気・政治・経済などの近い将来に起こりそうなことを予測する」。
> forecast that it will rain tomorrow（明日、雨が降ると予測する）
> project は「将来の数値を正確に予測」というニュアンス。
> project that sales figures will rise by 3 percent（売り上げが3％増加すると予測する）

この他に下記も覚えておこう。

☐ **think**
- 特定の意見や考えを持つ、決断・意見するために思考する

  **think** that life is too short（人生はあまりにも短すぎると思う）

☐ **believe in**
- 存在・効果・正当性を、宗教的に信じる、支持する、信頼する

  **believe in** god（神を信じる）

☐ **wonder**
- 不確かなことをもっと知ろうとして想像をめぐらす

  **wonder** who he is（彼は本当に誰なのかしらと思う）

皆さん、いかがでしたか？ 全問正解した方も繰り返し復習しておきましょう！ では次の重要度ランキング第3位「する・行う」に参りましょう！

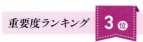

[　　　　　　　　　　する・行う　　　　　　　　　　]

「する」と言えばすぐに **do** が思い浮かびますが、英語では目的語によって **give**、**make**、**have** と使い分けが必要です。

▶ 「する」の類語使い分け問題にチャレンジ！

**Q.** カッコ内に入る適切な語彙を選択肢から選びなさい。

① You need to (　　　　　) more exercise and improve your health.

（君はもっと運動して健康を改善する必要があります）

② We are (　　　　　) a farewell party for my friend today.

（今日、友達のためにお別れ会を行い［開き］ます）

③ The mayor (　　　　　) a great presentation to the public.

（市長は市民にすばらしいプレゼンをした）

④ The police (　　　　　) the difficult task of rescuing the hostages.

（警察は人質救出の難しい仕事を行った［果たした］）

⑤ The president (　　　　　) a decision to send more troops to the country.

（大統領はその国に多くの軍隊を送る決断をした）

do / give / have / make / perform

**解答**

① **do**

・目的をもって活動・仕事などをする

do [a job / laundry / the dishes / the flowers] （仕事／洗濯／生け花をする）

do an article （記事を書く）

② **having**

・動作的な行為をする

have a [look / walk / talk / rest] （見る／歩く／ 話す／休む）

have [lunch / a meal] （昼食／食事をする）

・計画して会議・催しを行う・開く

have [graduation / entrance] ceremony （卒業式／入学式を行う）

③ **gave**

・相手に何かをする

give someone [orders / instructions / a call] （〜に命令／指示／電話する）

065

give a(n) [account / description] of 〜 （〜の説明／描写をする）

- 動作系

  give (someone) a [smile / look / hug] （笑いかける／見る／抱擁する）

- パフォーマンス系

  give a [speech / lecture / performance] （演説／講義／演技する）

④ performed

- 複雑で役立つ研究・仕事・役割をする

  perform a(n) [study / analysis / task / role / act]
  （研究／分析／任務／役割／演技を行う）

⑤ made

- 判断をしたり、意思を働かせる

  make a(n) [decision / effort / change / suggestion]
  （決定／努力／変更／提案する）

- 進歩・発展させる（mistake を続けるとその反対）

  make a(n) [contribution / mistake / start / progress / call / appointment]
  （貢献／間違い／開始／進歩／電話／アポ取りをする）

  この他に下記も覚えておきましょう。

□ conduct

- 情報入手や事実証明のために「調査」を行う、系統立てて「仕事」を行う

  conduct a(n) [survey / experiment] （調査／実験を行う）
  conduct [a campaign / business] （運動／ビジネスを行う）

□ commit

- 不法な、非道徳的な行為を犯す

  commit [a crime / a murder / a fraud / suicide]
  （犯罪／殺人／詐欺／自殺をする）

□ carry out

- 系統立てて計画的に「仕事」「調査」をする

  carry out a(n) [research / survey / operation]
  （研究／調査／業務）をする［行う］など

　皆さん、いかがでしたか？　問題には出題されなかった補足のほうも繰り返し復習しておきましょう！　では次の重要度ランキング第4位「なる」に参りましょう！

066

重要度ランキング **4**位

# [ なる ]

「なる」と言えばすぐに **become** を使いたがる人がいますが、「売り上げなどが千ドルになる」なら **reach**、「夢が本当になる」なら **come**、「40 歳になる」なら **turn**、「倒産する」なら **go** を使います。

▶「なる」の類語使い分け問題にチャレンジ！

**Q.** カッコ内に入る適切な語彙を選択肢から選びなさい。

① I'm (　　　　　) too old for that.
（それをするには年をとり過ぎている）

② When the clock (　　　　　) midnight, the New Year will begin.
（時計が午前零時になると、新年が始まります）

③ The crown prince will (　　　　　) the emperor in 2019.
（皇太子は 2019 年に天皇になる予定です）

④ The bank (　　　　　) bankrupt due to its massive bad debt.
（その銀行は多額の不良債権のために倒産した）

⑤ My dream has finally (　　　　　) true after years of hard work.
（長年の努力の末、私の夢はついに本当になった）

········································································

become / come / get / go / turn

**解答**

① **getting**

• 状況へと変わっていくプロセスを表す

| | | |
|---|---|---|
| 感情・症状系 | **get** [angry / tired / sick(ill)] | （怒った／疲れた／病気の状態になる） |
| 天候系 | **get** [hot / warm] | （暑く／暖かくなる） |
| 善悪・状態系 | **get** [better / worse / difficult / late / wet] | |

（良く／悪く／難しく／遅く／濡れた状態になる）

067

② **turns**

- 異なるものにすばやく変わる

| 色系 | turn [red / yellow] （赤く／黄色くなる） |
|---|---|
| 年齢・時間系 | turn [30 / five o'clock / midnight] （30歳／5時／真夜中になる） |
| 状態変化系 | turn [cold / sour / professional] （寒く／酸っぱく／プロになる） |

③ **become**

- 新しいものに変化し発展していく

| ステータス系 | become a [writer / citizen / king] （作家／市民／王様になる） |
|---|---|
| 感情・症状系 | become [angry / anxious / ill] （怒る／心配／病気になる） |
| 天候系 | become [warm / dark] （暖かく／暗くなる） |
| はっきり系 | become [clear / evident / apparent] （明らかになる） |

④ **went**

- 以前より悪い状態に変化する、放置された状態になる、〜化する

| 劣化系 | go [bad / bankrupt / sour] （悪く／倒産／酸っぱくなる） |
|---|---|
| 感情系 | go [mad / wild] （狂う／半狂乱になる） |
| 状態・変化系 | go [grey / public / international] （灰色に／公に／国際的になる） |
| 放置系 | go [unnoticed / uncontrolled] （知られない／野放しのままになる） |

⑤ **come**

- 視点がある状態に至った結果、あるいは結果に向かう状態・プロセスを表す

come [true / easy / cheap / right] （本当に／簡単に／安く／正しくなる）

この他に下記のようなバリエーションを覚えておきましょう。

□ **be**

- ある資質を兼ね備えている

I want to be a teacher. （私は一人前の先生になりたい）

He will be a doctor. （彼は一人前の医者になるだろう）

□ **make**

- 成長や適応をして、ある仕事や目的にかなう資質を持つ状態に達する

make [a good lawyer / a wonderful couple / the team]
（いい弁護士／すばらしい夫婦／チームの一員になる）

□ **fall**

- 悪い状況に陥る

fall [ill / sick / asleep / silent / unconscious]
（病気になる／眠り込む／黙り込む／意識不明の状態になる）

皆さん、いかがでしたか？「なる」を表す様々な単語をライティングで正しく使えるように繰り返し復習しておきましょう！ では次の重要度ランキング第5位「得る」に参りましょう！

重要度ランキング

# 得る

「得る」と言えばすぐに思い浮かぶのが get ですが、「外国語などを習得する」場合は **acquire**、「努力して賞などを得る」場合は **win**、「価値あるもの・重要なものを得る」場合は **gain**、「努力して地位などを（永久に）確保する」場合は **secure** を使います。

▶「得る」の類語使い分け問題にチャレンジ！

**Q.** カッコ内に入る適切な語彙を選択肢から選びなさい。

① She (　　　　) the habit of running every day.
（彼女は毎日ランニングする習慣を身につけた）

② The man luckily (　　　　) the lottery, but he is broke now.
（その男は幸運にも宝くじを当てたが、今一文なしである）

③ The politician (　　　　) complaints from many voters.
（その政治家は多くの有権者から苦情を受けた）

④ You must have (　　　　) weight due to your increase in food intake.
（食物摂取の増加のせいで、君は体重が増えたにちがいない）

⑤ The construction company must (　　　　) the rights from the landowner.
（建設会社は地主から権利を獲得しなければならない）

acquire / gain / obtain / receive / win

### 解答

① **acquired**

・購入や贈与で入手する

物・不動産系　　**acquire** [artworks / assets / property]
　　　　　　　（美術品／資産／財産を得る）

069

| （行動の結果）<br>ステータス系 | acquire a [status / position / reputation]<br>（ステータス／地位／名声を得る） |
|---|---|
| （学んで得る）<br>スキル・習慣系 | acquire a [skill / taste / habit]<br>（スキル／嗜好／習慣を身につける） |

## ② won

• 努力や能力で勝ち取る

| 成果系 | win [a prize / a contract / independence]<br>（賞品／契約／独立を獲得する） |
|---|---|
| 支持系 | win someone's [approval / support] （承認／支持を得る） |

## ③ received

• 人から物やお金を受け取る

| 情報系 | receive a [letter / call] （手紙／電話を受ける） |
|---|---|
| 反応系 | receive [attention / support / complaints]<br>（注目／支持／苦情を得る） |
| 賞・お金系 | receive [a prize / payment] （賞／支払いを受け取る） |

## ④ gained

• 価値あるもの、欲しいものを努力によって少しずつ獲得する

| 反応系 | gain [a reputation / support / popularity]<br>（名声／支持／人気を得る） |
|---|---|
| 経験・洞察系 | gain [experience / insight] （経験／知識を得る） |
| 成果系 | gain [independence / control / advantage]<br>（独立／支配／有利な立場を得る） |
| 数値系 | gain [weight / speed] （体重が増える／スピードを増す） |

## ⑤ obtain

• 望むものを努力やスキルで手に入れる

| 物系 | obtain [foods / property] （食料／資産を得る） |
|---|---|
| 情報系 | obtain [information / advice] （情報／助言を得る） |
| 許可系 | obtain [permission / a license] （許可／免許を得る） |
| 賞・地位系 | obtain a [prize / position] （賞／地位を得る） |

　この他にも「集める」意味する語である raise（資金を集める）、collect（同じ種類のものやお金を集める）、gather（散らばったものを一か所に集める）も、「得る」のバリエーションとして使う場合があるので覚えておきましょう。

　皆さん、いかがでしたか？　最重要度ランキング第5位「得る」の単語を二次面接でも的確に使えるように繰り返し復習しておきましょう！　では次の重要度ランキング第6位

「言う」に参りましょう！

重要度ランキング **6**位

# 言う

　「言う」と言えばすぐに浮かぶのは、**say** や **tell** や **talk** でしょう。しかし、**tell** は「情報を伝える（教える）、区別する、命令する」などの意味があり、日本語の「言う」とは大分異なります。**talk** は、Money talks（お金がものをいう）、talk business / politics（商談する／政治を論じる）のように「特定の話題について話し合う」ときに使います。また「気持ちや感想を述べる」ときは **express**、**give** を用いて表現します。

## ▶「言う」の類語使い分け問題にチャレンジ！

**Q.** カッコ内に入る適切な語彙を選択肢から選びなさい。

① The mayor (　　　　　　) the community's problem with residents.
（市長は住民と地域の問題について話し合った）

② It is very easy to (　　　　　　) individual opinions on the Internet.
（インターネット上で個人の意見を言うことは非常に容易です）

③ The pacifist group have (　　　　　　) against increasing the military budget.
（その平和団体は軍事費を増やすことに反論してきた）

④ The nation (　　　　　　) independence after World War II.
（その国は第二次世界大戦後独立を宣言した）

argue / declare / discuss / express

**解答**

① **discussed**
- 意見交換や意思決定のために二人またはグループで話し合う

問題系　　**discuss** a(n) [issue / question]（問題／疑問を話し合う）

トピック系　**discuss** a [topic / subject / situation]
（トピック／テーマ／状況を話し合う）

071

## ② express

- 言葉・表情・身振り・書面で伝える

| | |
|---|---|
| 意見系 | express an [opinion / idea]（意見／アイディアを述べる） |
| 感情系 | express one's [fear / anger / concern / doubts]<br>（恐れ／怒り／懸念／疑念を示す） |
| 意欲系 | express one's [interest / hope / desire]（関心／希望／願望を示す） |
| 感謝系 | express one's [thanks / gratitude]（感謝の気持ちを表す） |

💡「意見を述べる」は give one's opinion と平たく言い換えできる。

## ③ argued

- 明確な理由を挙げて自分の考えを人に証明・主張・説得しようとする

  argue [for / against] nuclear power（原子力発電に賛成／反対する）

💡「(怒ったように) 人と言い争う・口論する」という意味もある。

## ④ declared

- ある状況や自分の考えを厳粛に・強調して宣言する

| | |
|---|---|
| 状況系 | declare [war / peace / independence]（戦争／平和／独立を宣言する） |
| プラン系 | declare one's [plan / intention]（計画／意図を宣言する） |

この他には下記のような単語をチェックしておきましょう。

## □ announce

- 事情や計画や決定を公に（きっぱりと）述べる

  announce a(n) [decision / intention / plan]（決定／意思／計画を発表する）

💡「駅・空港の案内」が代表例です。

## □ mention

- （会話の中で）手短に・簡潔に言う

  mention the idea to someone（〜に考えを言う）

## □ suggest

- 人に考えるべきアイディアや計画を提案する

  suggest studying abroad（留学することを提案する）

- 間接的に（まわりくどく）言う
  suggest that he is ill（彼が病気であるとほのめかす）

皆さん、いかがでしたか？ 間違った問題は繰り返し復習しておきましょう！ では次の重要度ランキング第7位「引き起こす」に参りましょう！

重要度ランキング

## ［引き起こす］

　「引き起こす」と言えばすぐに思い浮かぶのは **cause** ですが、この語は「直接の原因でしかも多くの場合悪いことを引き起こす」場合に使います。「引き起こす」を表す表現にはこれ以外にも **lead to**、**bring**、**generate**、**contribute to** などが用いられ、それらの使い分けが必要です。ここでは「因果関係」を表す類語の使い分けをマスターしましょう。

▶「引き起こす」の類語使い分け問題にチャレンジ！

**Q.** カッコ内に入る適切な語彙を選択肢から選びなさい。

① The military invasion (　　　　) the start of World War II.
（その軍事侵攻が第2次世界大戦の開始につながった）

② The latest film has (　　　　) a lot of excitement in the public.
（最新の映画は国民の多くの興奮をもたらした）

③ The typhoon (　　　　) catastrophic damage to the town.
（台風はその町に壊滅的な被害を（結果として）もたらした）

④ The media campaign has (　　　　) a better understanding about gay people.
（メディア運動はゲイに関する理解の向上を（徐々に）もたらしている）

⑤ The medical treatment has yet to (　　　　) the desired effect.
（その医療はいまだ望ましい結果を生み出していない）

bring / bring about / generate / lead to / produce

## 解答

### ① led to

- ある物事がきっかけにその結果となるプロセスに視点を置く

Working long hours can lead to health problems.
（長時間労働は健康障害につながる可能性がある）

My rude remarks led me into a big trouble.
（失礼な発言をしたことで私は大きなトラブルに陥った）

❗ 2 例目は目的語を挟んだ表現です。

### ② generated

- 感情系の語を目的語にとる

generate [excitement / interest / enthusiasm / sympathy]
（興奮／興味／情熱／同情などを引き起こす）

### ③ brought

- 物事の原因と結果の「結果の状況」に視点がある場合

状況系 　bring [peace / benefits / results / war / chaos]
　　　　　（平和／メリット／成果／混沌／戦争などを結果的にもたらす）

感情系 　bring someone [pleasure / joy / grief / pain]
　　　　　（〜に喜び／楽しみ／悲しみ／痛みなどを結果的にもたらす）

### ④ brought about

- 原因によって「変化」が起こる場合に用いる

bring about [social change / a revolution / an improvement]
（社会変化／革命／状況の改善を引き起こす）

### ⑤ produce

- ある効果・結果・状況を発生させたりすでに引き起こしている

produce a(n) [effect / result / situation] （効果／結果／状況をもたらす）

補足として cause、invite、raise、contribute to も覚えておきましょう。

### □ cause

- 因果関係を強調し、悪いことを起こす場合によく使われる

cause [a problem / an accident / trouble / damage / confusion / concern]
（問題／事故／トラブル／被害／混乱／懸念を引き起こす）

□ **invite**
- （特にそのつもりはないが）悪いことやネガティブな反応を招く場合に使われる

  **invite** [trouble / criticism / a negative response]
  （トラブル／批判／否定的な反応を招く）

□ **raise**
- ある特定の感情や反応を引き起こす場合に使われる

  **raise** [doubts / fears / alarm / a question / an issue]
  （疑念／懸念／不安／疑問／問題を引き起こす）

□ **contribute to**
- 物事が起こる一助・一因になるというニュアンスを持つ言葉

  Medical development **contributes to** an increase in life expectancy.
  （医療の発展は平均余命の伸長につながる）

  Excessive smoking can **contribute to** health problems.
  （過度の喫煙は健康問題の一因になる）

> ❗ 良いことだけでなく、悪いことにも使うことに要注意

皆さん、いかがでしたか？ 全問正解した方も繰り返し復習しておきましょう！ では次の重要度ランキング第8位「良くする・発展する」に参りましょう！

重要度ランキング

# ［良くする・発展させる］

「良くする」「改善する」と言えばすぐに **improve** が浮かぶでしょうが、この語は「問題点を改善する」というニュアンスがあるので、良いものをさらに良くする場合は **enhance** がベターで、「貧困・食料不足」のような悲惨な状況を緩和することを表すには **alleviate** が適切です。

▶「改善する・発展させる」の類語使い分け問題にチャレンジ！

**Q.** カッコ内に入る適切な語彙を選択肢から選びなさい。

① Corporal punishment (　　　　) negative behaviors in children.
（体罰は子供たちの好ましくない行動を<u>助長します</u>）

② Japan needs to (　　　　) its relationships with neighboring countries.

（日本は隣国と関係を改善する必要がある）

③ The company (　　　　) its benefits to attract skilled workers.

（その会社は熟練のワーカーを引きつけるために給付を改善した）

④ The company always want to (　　　　) its business abroad.

（その企業はいつも海外へ事業を発展したいと思っている）

⑤ The software engineer (　　　　) some errors in the program.

（ソフトウェア技師はプログラムのエラーを直した）

correct / encourage / enhance / improve / develop

### 解答

① **encourages**

・より高い可能性で物事が起きるように促す

encourage [economic development / economic growth / innovation / competition / investment / the spread of disease]

（経済発展／経済成長／革新／競争／投資／病気の蔓延を助長する）

> ❗ 目的語には良いものも悪いものとる

② **improve**

・悪い、望ましくない状態からだんだん改善していくという意味

他動詞用法　improve the [standard / quality / performance / service]
（基準／質／パフォーマン／サービスを改善する）

自動詞用法　The [conditions / outcome / record / economy] improved.
（状況／結果／記録／経済を改善した）

③ **enhanced**

・さらに魅力的に、より価値あるものにする

enhance the [image / beauty / quality / value / reputation / motivation / service]

（イメージ／美／質／価値／名声／やる気／サービスを高める）

④ **develop**
- さらに強化・発展させ、よりいいものする

　スキル系　　　**develop** one's [skill / sense of humor / knowledge]
　　　　　　　（スキル／ユーモアのセンス／知識を伸ばす）

　経済系　　　**develop** the [business / market / economy / industry]
　　　　　　　（ビジネス／市場／経済／産業を発展させる）

⑤ **corrected**
- 問題点を直したり、然るべき状態にする

　**correct** the [problem / mistake / misunderstanding]
　（問題／誤り／誤解を正す）

この他にも下記の表現を使い分けられるようにしましょう。

☐ **promote**
- （主に）良いものを助長する、さらに発展させる

　**promote** [peace / democracy / economic growth / freedom / cooperation / recycling / health]
　（平和／民主主義／経済成長／自由／協力／リサイクル／健康などを促進・助長する）

☐ **stimulate**
- 物事が始まったり、さらに発展するようにさせる

　発展・プロセス系　　**stimulate** the [growth / development / economy]
　　　　　　　　　　（成長／発展／経済を刺激する）

　興味系　　　　　　**stimulate** someone's [interest / attention / enthusiasm]
　　　　　　　　　　（興味／注意／熱意を刺激する）

皆さん、いかがでしたか？ 出題されなかった補足のほうも繰り返し復習しておきましょう！ では次の重要度ランキング第9位「現れる・起こる」に参りましょう！

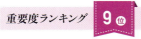

# 現れる・起こる

「現れる」言えばすぐに **appear** を使ってしまいそうですが、どんな場合でも使えるわけではなく、約束の場所になら **show up**、探し物なら **turn up**、が用いられます。

077

▶ 「現れる・起こる」の類語使い分け問題にチャレンジ！

**Q.** カッコ内に入る適切な語彙を選択肢から選びなさい。

① The country (　　　　　　) from the ashes of World War II.
（その国は第二次世界大戦の焼け跡から<u>再興した</u>）

② The rumor (　　　　　　) that he met with an accident.
（彼が事故に遭ったと言う噂が明るみになった）

③ The talent (　　　　　　) in the famous TV interview.
（そのタレントは有名なテレビインタビューに<u>出演した</u>）

④ The cultural practice (　　　　　　) from ancient times.
（その文化的習慣は古代から<u>起こった</u>）

④ My lost pen (　　　　　) in my desk drawer.
（なくしていたペンは私の机の引き出しに（偶然）現れた）

appear / emerge / originate / surface / turn up

**解答**

① **emerged**
• 見えないところから現れて、明らかになる
The figure emerged.（姿が現れた）
The truth emerged.（事実が明らかになった）
emerge from a slump（不況から抜け出す）

② **surfaced**
• 長い間隠れていたものが浮上して、簡単に気づくほど明らかになる
The [information / emotion / problem] surfaced.（情報／感情／問題が現れた）

③ **appeared**
• どこからともなく急に現れる
A man appeared from nowhere.（ある男がどこからともなく現れた）
The story appeared in several news.（その話はいくつかのニュースに掲載された）
The man must appear in court today.
（その男は裁判所に今日出頭しなければならない）

④ **originated**
- ある場所や時期から（史上初めて）生じる・起こる
  Humans originated from/in Africa. （人類はアフリカで誕生した）

⑤ **turned up**
- 不意に（思いがけず）現れる
  turn up late for work （仕事に遅れて現れる）
  The [job / chance] turned up. （仕事／チャンスが降って湧いた）

  この他に **show up**、**arise**、**rise**、**come up** などがある。

☐ **show up**
- 決まった約束や会合に現れる
  show up for a meeting （会議に出席する）

☐ **arise**
- 問題や困難な出来事が生じる
  The [problem / crisis / confusion] has arisen. （問題／危機／混乱が生じた）

☐ **rise**
- 空に現れる
  The [sun / moon / star] has risen in the east.
  （太陽／月／星）が東の空に現れた）

☐ **come up**
- 不意に現れたり、対象がどんどん近づいてくる
  The problem came up. （問題が生じた）
  The job came up. （仕事の口が生じた）
  The game is coming up. （試合が始まりつつある）

皆さん、いかがでしたか？ ライティングで正しく使えるように繰り返し復習しておきましょう！ では次の重要度ランキング第10位「作る」に参りましょう！

[ 作る ]

「作る」と言えばすぐに **make** が浮かびますが、ライティングでは、**establish**、**create**、**build**、**invent**、**generate** などを使い分けてください。

▶ 「作る」の類語使い分け問題にチャレンジ！

**Q.** カッコ内に入る適切な語彙を選択肢から選びなさい。

① The country need to (　　　　) a stadium that accommodates 50,000 people.
（その国は5万人を収容するスタジアムを作る必要がある）

② The Chinese government (　　　　) the one-child policy in 1979.
（中国政府は1979年に一人っ子政策を定めた）

③ The tourism industry (　　　　) more jobs and income for local residents.
（旅行産業は地元住人に多くの仕事と収入を生み出す）

④ The light bulb was (　　　　) by Thomas Edison in 1879.
（電球は1879年トマス・エジソンによって発明された）

⑤ The company is known to (　　　　) industrial goods.
（その会社は工業製品を製造することで知られている）

build / establish / generate / invent / manufacture

---

**解答**

① **build**
• 部品や材料を組み合わせて作る、長期間かけて築く

| 建物・構造系 | build a [house / road / bridge / machine] |
| | （家／道／橋／機械を建てる・作る） |
| 名声系 | build a [reputation / confidence / career / relationship] |
| | （名声／信頼／キャリア／関係を築く） |

② **established**
• 組織や関係を築き継続させる、成功や地位を確立する

| 組織・システム系 | establish a [company / system]（会社／システムを立ち上げる） |
| 関係系 | establish relations with ～（～と関係を築く） |
| 名声系 | establish one's [reputation / status] as a writer |
| | （作家としての名声／地位を築く） |

③ **generates**
- 利益やエネルギーを生み出す

| | |
|---|---|
| **お金系** | generate [income / profits / revenue] （収入／利益／収益を生む） |
| **感情系** | generate [anger / excitement / interest / sympathy / controversy]<br>（怒り／興奮／興味／同情／論争を生む） |
| **エネルギー系** | generate [electricity / heat / waste]<br>（電気／熱／廃棄物を発生させる） |

④ **invented**
- 新しい物やアイディアを生み出す、嘘を考え出す

| | |
|---|---|
| **発明系** | invent the [telephone / computer] （電話／コンピュータを発明する） |
| **口実系** | invent a(n) [story / excuse / alibi] （話／言い訳／アリバイを作る） |

⑤ **manufacture**
- 機械を使って大量生産する

manufacture [goods / products] （商品／製品を製造する）

この他にも「作る」を表す語彙として下記をチェックしておきましょう。

□ **make**
- 材料からものを作る

| | |
|---|---|
| **物品系** | make [furniture / clothes / foods / drinks]<br>（家具／服／食べ物／飲み物を作る） |
| **お金儲け系** | make [money / a profit / a fortune] （金／利益／財産を稼ぐ･儲ける） |

□ **create**
- 以前には無かった物や状況を作り出す

create [jobs / harmony / confusion] （仕事／調和／混乱を生み出す）
create a piece of [artwork / music] （美術作品／音楽を作る）

□ **produce**
- 製品や農作物や資源を生産する、人に楽しんでもらう作品を創作する

produce [products / foods / energy / resources / a film / music]
（製品／食料／エネルギー／資源／映画／音楽を作る）

　皆さん、いかがでしたか？　重要度ランキング第 10 位「作る」の単語は二次次面接でも的確に使えるように繰り返し復習しておきましょう！　では次の重要度ランキング第 11 位「含む・伴う」に参りましょう！

重要度ランキング **11**位

# [ 含む・伴う ]

「含む・伴う」と言えば何でも **include** で表そうとする人がいますが、リスクを伴う場合は **involve**、水分を含む場合は **contain** と変わってきます。

▶ 「含む」の類語使い分け問題にチャレンジ！

**Q.** カッコ内に入る適切な語彙を選択肢から選びなさい。

① The price (　　　　　) hotel accommodations and train rides to and from Tokyo.
（その価格は、ホテルの宿泊料と東京間往復の電車運賃を含む）

② The project (　　　　　) a lot of hard work and time.
（そのプロジェクトは多くのハードワークと時間を要する）

③ The history book (　　　　　) a lot of ground in detail.
（その歴史の本は多くの分野を詳しく扱っている）

④ The water (　　　　　) minerals and carbon dioxide gas.
（その水はミネラルと炭酸ガスを含む）

contain / cover / include / involve

**解答**

① **includes**

• 全体の中の構成要素として含む

The school curriculum **includes** courses in foreign languages and psychology.
（その学校のカリキュラムは外国語と心理学のコースを含む）

**include** more than 10 names on a list （リストに10人以上の名前を含む）

② **involves**

• ある活動・状況に必要なもの、必然的なものとなる

The coursework **involves** 200 hours of training.
（授業内容は200時間のトレーニングを要する）

Every financial investment **involves** a risk. （あらゆる金融投資にはリスクを伴う）

③ covers
- ある話題の重要な面や出来事を描写したりカバーする

The novel covers the period from the postwar to the present.
（その小説は戦後から現代までを扱っている）

The survey covers consumer spending.
（その調査は個人消費をカバーしている）

④ contains
- 容器・文書・物質の中に内容物を含む

This envelope contains several letters of recommendation.
（この封筒には数枚の推薦状が入っている）

This report contains the information you need.
（このレポートはあなたに必要な情報が含まれている）

皆さん、いかがでしたか？ 間違った問題は繰り返し復習しておきましょう！ では次の重要度ランキング第12位「変える」に参りましょう！

重要度ランキング

## 変える

「変える」と言えばすぐに **change** が浮かぶでしょうが、新しいものと替えるなら **replace**、季節によって変わるなら **vary**、円をドルに替えるなら **exchange** がベターです。

▶「変える」の類語使い分け問題にチャレンジ！

Q. カッコ内に入る適切な語彙を選択肢から選びなさい。

① The color of leaves (　　　　) from green to yellow in autumn.
（葉の色は秋に緑から黄色に変わる）

② Temperatures in the desert (　　　　) greatly between day and night.
（砂漠の気温は昼と夜で大きく変わる）

③ The old buildings were (　　　　) to make them attractive to tourists.
（古い建物は、観光客をひきつけるために改築された）

④ The broken window has been (　　　　) with a new one.
（壊れた窓は新しいものに取り替えられた）

........................................................................

alter / change / vary / replace

---

**解答**

① **changes**
- 従来のもの・古いものを新しいもの・異なるものに変える

  change [the system / jobs]（システム／仕事を変える）
  change [course / direction]（コース／方向を変える）
  change trains（電車を乗り換える）

② **vary**
- 状況に応じて変わったり、調整したりする

  vary with [age / sex / climate]（年齢／性別／気候によって異なる）
  vary from [country to country / century to century]
  （国／世紀によって異なる）
  vary the [size / rate / level]（サイズ／割合／レベルを変える）

③ **altered**
- 構成・性質が良くなるように少し変える

  alter the [plan / pattern / character]（計画／様式／性格を変える）
  alter the [building / house]（ビル／家を改築する）
  alter the dress（服の寸法直しをする）

> ❗ modify は「部分的変更をして、改善したり、適したものにする」という意味で、modify [the rule / the course]（規則／コースを変える）、modify one's [idea / behavior]（考え／行動を修正する）のように用いる。

④ **replaced**
- 主に能動的に劣化したものを新しいものに取り替える

  replace the old staff with a new one（古いスタッフを新人に替える）
  replace the system（システムを入れ替える）

　皆さん、いかがでしたか？　全問正解した方も繰り返し復習しておきましょう！　では次の重要度ランキング第13位「認める・受け入れる」に参りましょう！

084

重要度ランキング **13**位

# 認める・受け入れる

「認める・受け入れる」を英語で言うときに、機械的に **admit** を使ってしまう人がいますが、「提案を認める」なら **accept**、**approve**、「功績を認める」なら **recognize**、「罪を認める」なら **admit**、「招待に応じるなら」 **accept** というように使い分けが必要です。

▶「認める」の類語使い分け問題にチャレンジ！

**Q.** カッコ内に入る適切な語彙を選択肢から選びなさい。

① The boy (　　　　　) that he lied to his friend.
（その少年は友達に嘘をついていることを認めた）

② He (　　　　　) an invitation to speak at the meeting.
（彼は会議でのスピーチ依頼を承諾した）

③ The professor is (　　　　　) as an authority in economics.
（その教授は経済学の権威として認められている）

accept / admit / recognize

**解答**

① **admitted**

・嫌々真実や自分の過失を認める

**admit** (making) a mistake （誤りを犯したことを認める）

**admit** [defeat / guilt / failure] （敗北／罪／失敗を認める）

**admit** someone to the [club / museum] （クラブへの入会／美術館への入場を認める）

② **accepted**

・申し出・人などを好意的に受け入れる

**accept** a(n) [invitation / challenge / proposal / piece of advice / gift / woman]

（招待／課題／提案／助言／贈り物／女性（の入会など）を受け入れる）

・妥当なものとして認める

**accept** someone's [resignation / apology] （～の辞職／謝罪を受け入れる）

085

- 困難で不快な現実を受け入れる

accept [blame / suffering / a failure / a difficult situation / criticism]
（非難／苦痛／過失／困難な状況／批判を受け入れる）

③ recognized

- 真実であること、重要性、法的権力、有効性などを公に認める

recognize the [value / need / importance / contributions of someone / accomplishments]
（価値／必要／重要性／〜の貢献／成果を認める）

recognize someone as a writer （〜を作家として認める）

　皆さん、いかがでしたか？　出題されなかった補足のほうも繰り返し復習しておきましょう！　では次の重要度ランキング第 14 位「扱う」に参りましょう！

重要度ランキング **14**位

# ［扱う・管理する］

　「扱う・管理する」と言えば、**handle**、**treat**、**deal with** などを思いつくと思いますが、「時間やビジネスを管理する」するなら **manage**、「人や動物などの待遇」の意味では **treat**、「状況や商品や客や乗り物」など用途の広いのは **handle** というような使い分けが必要です

▶「扱う・管理する」の類語使い分け問題にチャレンジ！

**Q.** カッコ内に入る適切な語彙を選択肢から選びなさい。

① The teacher (　　　　　) all the students with respect and care.
（その先生はあらゆる生徒を敬意と配慮を持って扱う）

② I am responsible for (　　　　　) a company and training staff.
（私は会社を経営し、スタッフを訓練する責任があります）

③ The harbor (　　　　　) goods such as cars and machinery.
（その港は車や機械類といった品物を扱っている）

handle / manage / treat

**解答**

## ① treats

• 人や物事に対する態度や考え方

treat someone like a slave （～を奴隷のように扱う）

treat the information as top secret （その情報を極秘として取り扱う）

## ② managing

• 組織を上手く管理・経営したり、難題に取り組んでうまくやり遂げる

manage a team （チームを管理する）

manage a difficult situation （難しい状況をうまく対処する）

## ⑪ handles

• 難局を対処し、仕事・人間・商品などをうまく処理する

handle the [problem / case / task] （問題／事件／課題を処理する）

handle various products （様々な商品を扱う）

皆さん、いかがでしたか？ これらの単語をライティングで正しく使い分けられるように繰り返し復習しておきましょう！ では次の重要度ランキング第 15 位「妨げる」に参りましょう！

**重要度ランキング 15 位**

## ［妨げる］

「妨げる」と言えばすぐに浮かぶのが prevent でしょうが、これは「未然に防ぐ」という意味なので、「眠りやクラスを妨げる」場合には disturb、「交通・通路や視界を妨げる」場合は block（交通は hold back も）、「会話や発言を妨げる」場合は interrupt を使います。

▶「妨げる」の類語使い分け問題にチャレンジ！

**Q.** カッコ内に入る適切な語彙を選択肢から選びなさい。

① The law (　　　　　) minors from buying cigarettes.
（法律は未成年者がタバコを買うのを防いでいる）

② The fallen rocks are (　　　　　) the road to the next town.
（落石は隣町への道を塞いでいる）

③ A sudden loud noise from outside (　　　　) his concentration on studying.

（外の突然の騒音は、彼の勉強への集中を<u>妨げた</u>）

block / disturb / prevent

**解答**

① **prevents**

- 物事の発生や行動を未然に防ぐ

  prevent accidents （事故を防止する）

  prevent workers from going on strike （労働者がストをするのを防ぐ）

② **blocking**

- 物理的にさえぎって人・物の動きや流れを妨げる

  block the [traffic / flow / road / view] （交通／流れ／道路／視界を妨げる）

  block someone's [escape / attack / expression]

  （脱出／攻撃／表現などを妨げる）

③ **disturbed**

- 人の活動をさえぎって邪魔をする

  disturb someone's [sleep / privacy] （～の睡眠／プライバシーを妨げる）

  disturb the [meeting / peace] （会議をさえぎる／平和を乱す）

  そのほかにも interrupt の使い方も覚えましょう。

□ **interrupt**

- 突然割り込むような行為をして、人の会話や活動や物事の進行を妨げる

  interrupt a [conversation / discussion] （会話／議論に割り込む）

  interrupt the [activity / process] （活動／過程を妨げる）

　皆さん、いかがでしたか？　ランキング第15位「妨げる」の単語を二次の面接でも的確に使えるように繰り返し復習しておきましょう！　では次の重要度ランキング第16〜19位の類語に参りましょう！

重要度ランキング **16**位

## 中止する
**cancel, stop, suspend, break の使い分けに注意！**

□ **cancel**
- 予定されていたものを中止する
  cancel the event（イベントを中止する）
- 法的な契約や合意を終了させる
  cancel the contract（契約を解除する）

□ **break**
- 現在活動中のものを一時的に休む
  break for lunch（昼食の短い休憩を取る）
- 継続する悪習慣を終わらせる
  break the [habit / cycle]（習慣／サイクルを断ち切る）

□ **stop**
- 現在の進行過程や活動を停止する
  stop [talking / smoking]（おしゃべり／喫煙をやめる）

□ **suspend**
- （トラブルなどのために）正式に活動を一時的に停止する
  suspend [services / trading / a license]（サービス／取引／免許を停止する）

重要度ランキング **17**位

## 選ぶ
**「選ぶ」の類語の使い分けに注意！**

□ **choose**
- たくさんのものの中から望ましいものを選ぶ
  choose a leader from the group（グループからリーダーを選ぶ）

 やや口語的な pick も類似の意味を持つ。

□ select

- 熟慮して最善のものや最適な物を選び出す

  select a player for the national team（ある選手を国の代表チームに選出する）

□ elect

- 投票によって組織の地位や公職者を選ぶ

  elect someone as president（〜を大統領［社長］として選ぶ）

**重要度ランキング 18位**

## 分ける
**divide と separate との使い分けに注意！**

□ divide

- 複数の部分に分ける

  divide students into three groups（生徒を3つのグループに分ける）
  divide the country（国を分裂させる）
  divide profits among members（メンバーで利益を分け合う）

□ separate

- くっついているものを引き離す

  separate salt from saltwater（海水から塩を分離する）
  separate the satellite from the rocket（ロケットから衛星を切り離す）

□ share

- 共有するものを分け合う

  share the property among family members（財産を家族で分配する）

**重要度ランキング 19位**

## 紹介する
**「紹介する」を機械的に introduce としないように注意！**

□ introduce

- （そばにいる人）を紹介する

  introduce Mike to Jane（マイクをジェーンに紹介する）

- システム・商品などを初めて導入する

  introduce the system （システムを導入する）

□ recommend

- 知識や事情を通じて良いものを勧める

  recommend a good doctor to a patient （患者に良い医者を薦める）

  recommend students to read books （生徒たちに本を読むように勧める）

□ refer

- 紹介して差し向ける

  refer him to a specialist （彼に専門家を紹介する）

　皆さん、類語の勉強はいかがでしたか？ 類似した英語のニュアンスをつかみ、うまく使い分けがうまくできるようになれば鬼に金棒です。この重要度ランキング第1位〜19位までの類語をしっかり繰り返し復習しておきましょう！

# Chapter 5

## 最短距離！
## キーアイディア作成特訓

この章では、準1級のエッセイ・ライティング問題で、類似の内容の問題が出題される可能性のある重要トピックを選び、高得点をゲットできるように特別な集中トレーニングを行いたいと思います。それはキーポイントを見て的確なポイントを述べる特訓で、これによって最短距離でスコアアップが実現できます。

　アクエアリーズ受講生（高校教師）の生徒（高校生）が準1級のエッセイ問題で、指定語数いっぱい書いたにもかかわらずスコアが零点だったらしいのですが、このことはエッセイの「内容」がいかに重要であるかを物語っています。エッセイの採点は、「内容」「構成」「文法」「語彙」の各項目がそれぞれ0〜4点、16点満点で行われますが、もし均等に配点されるのであれば、いくら内容が悪くても部分点をもらえるはずです。そうでないということは採点するに当たって内容が最も重要であるということです。

　そして、内容のスコアが高いということは、トピックに関して説得力のある強いポイント（キーアイディアと呼ばれる）を述べているということです。たいていの受験者は、エッセイを書くときに、このキーアイディアが浮かばなくて四苦八苦するか、書けたとしても的外れな弱いポイントを書いたりして、せっかく文法・語法が正しいエッセイが書けたとしてもスコアが低くなってしまいます。

　そこで強いポイントを述べるための第一歩は、与えられたキーポイントを見て肯定側と否定側、どちらで書いたほうが有利か、即座に判断することです。英検は1963年に始まり、60年代後半から約50

年にわたって英検の問題を毎回欠かさず見てきましたが、その核となっている4つのコンセプト（the four core concepts）は、**global perspective and intercultural awareness**（世界的視野と異文化理解）、**environmentalism**（環境保護主義）、**gender equality**（男女平等主義）、**character development**（人格形成）です。ですから、移民受け入れ問題のようなトピックについて、反対のスタンス（anti-open immigration）を取ったり、環境保全の努力や性差別撤廃努力や人格の成長努力に反するようなエッセイを書くとスコアが打撃を受けます。このことを踏まえて賛成か、反対かのスタンスを決めてください。

　様々な社会問題トピックについて良いエッセイを書くには、与えられたトピックについて的確なキーポイントが思い浮かぶように、普段から社会問題に興味を持ち、新聞やテレビのニュース記事や解説などを通して幅広い知識を身につけておくことが重要です。それと同時に、実際にエッセイを書く前段階のキーアイディア（アウトライン）を作るトレーニングが不可欠です。アメリカでスピーチやライティングのコースを取ると、まず、最初の1カ月間はこのキーアイディアを作るトレーニングだけをみっちり行います。これをクリアしてアウトラインを自在に作れるようにならないと次のステップには進めません。

　本章では、分野別に重要なトピックを選びました。それぞれ与えられた4つのポイントを見て、キーアイディアを作成する練習を行います。本番では時間が限られているので、素早くアイディアを組み立てられるようになるよう、しっかりとトレーニングをしてきましょう！

# 01

## 「公共政策」分野で押さえるポイントはこれだ！

　政府の公共政策は、新傾向試験が始まって以来、2年間に2題（全6題中）出題された重要分野です。2016年には、"Should the government provide more support for unemployed people?"（政府は失業者支援をもっと行うべきか）、2017年には、"Should the government do more to protect the environment?"（政府は環境保護努力をもっとすべきか）など、労働経済や環境問題がらみの公共政策の是非に関する問題が出題されています。

　これらは過去に2次の面接試験でも何度も出題された重要トピックです。面接試験には、この他、公共サービス（public services）のための増税（tax increase）の是非、交通安全のための法整備（legislation for road safety）、治安を守ることの必要性（need for promotion of public safety）、少子化問題への政府の対策（countermeasures for declining birthrates）、政府の被災者支援（assistance for disaster victims）、地方自治体（local governments）の公共サービスのあり方などが出題されています。これらのトピックについて、試験場でエッセイをゼロの状態から書くのは非常に困難です。高得点を狙うには、十分にキーアイディアトレーニングをしておきましょう。それでは第1問です。

---

### キーアイディア作成特訓 ①

トピックと4つのポイントを見て、キーアイディアを考えてみましょう！

> **Q.** Should the government provide financial support for people who have children?
>
> （政府は子どもがいる家庭に経済援助をするべきか？）
>
> POINTS Female workforce / Super-aging society / Immigrants / Government budget

## こう攻略しよう

前述の gender equality の見地から Yes か No かどちらがいいか考えてみてください。そうすれば、政府援助は女性の社会進出 (female empowerment / women's growing participation in paid work) を助けるので、肯定側のスタンスを取るほうが書きやすいトピックであることがわかります。そうすると、ポイントは female workforce と super-aging society を使うのがいいことがわかるでしょう。今度はそれらを用いてキーアイディアを考えてみましょう。

いかがですか、できましたか。それとも非常にチャレンジングですか。日本語でもいいので、考え抜いてから解答を見ましょう。この思考トレーニングを通して、英検合格のみならず、国際社会を生き抜くのに重要な critical thinking ability (問題解決力) が養われていきます。

### → 賛成！

1. The government support can alleviate a decline in birthrates, which is essential to maintaining **super-aging society**.
（政府援助は出生率低下を軽減でき、それは超高齢化社会を支えるのに不可欠である）

2. The government support can increase **female workforce**, thus alleviating the decline in the working-age population essential to maintain a **super-aging society**.
（政府援助は女性の労働力を増やし、それによって超高齢化社会を維持するのに不可欠な労働人口の減少を軽減できる）

賛成の意見としては、まず、超高齢化社会の出生率低下を食い止めるために政府援助が必要な点を述べ、現在は子育て支援が少ないために出生率が低いが、政府支援が増えればその問題が軽減される、と述べていきます。次に、高齢化社会を支えるための労働力を維持するのに女性の社会進出を促すことが不可欠であると述べていきます。ちなみに、alleviate (軽減する) は準1級語彙としては少し難しいですが、文脈にぴったりの役に立つ語彙なので、ぜひ使えるようになっておきましょう！

これに対する反対のキーアイディアとして、「移民の受け入れによる労働者人口の増加 (increase in workforce by an open immigration policy)」や「支援に対する政府の予算不足 (lack of government budget for financial support)」などを挙げることができます。しかし前者は、移民だけで少子高齢化社会が解決するわけではないので弱く、後者は、予算は不足していても、それが重要ならばしなければならないので弱く、やはり賛成側のスタンスで書いてほしいものです。

いかがでしたか。肯定側の立場でキーアイディアは作れましたか。このような公共政策に関連した社会問題は、前述のように社会情勢の知識を身につけつつ、ポイントを考え出すトレーニングに重要です。それでは次の問題にチャレンジ！

## キーアイディア作成特訓 ②

トピックと4つのポイントを見て、キーアイディアを考えてみましょう！

**Q.** Would the introduction of stricter laws improve road safety?

（もっと厳しい法律の導入は交通安全を改善するか？）

POINTS Driving lessons / Smart phones / Car accidents / Drunk driving

### こう攻略しよう

　飲酒運転や居眠り運転による事故は後を絶たず、早急な対策が望まれる問題です。ですからこのトピックは肯定の立場で書いたほうがサポートも含めて簡単に書くことができます。4つのポイントのうち、driving lessons（自動車運転教習）を使うと、「法律改正ではなく、教習の段階でしっかりと指導するとよい」という否定の立場になります。その他は肯定の立場で使えるポイントです。smart phones に対する法規制による自動車事故の減少、厳しい法規制による drunk driving（酒気帯び運転）の減少という観点からキーセンテンスをまとめてみましょう。

#### → 賛成！

1. Stricter regulations or more severe punishment will discourage speeding and **drunk driving**.
（より厳しい法律や罰則は、スピード違反や飲酒運転を思いとどまらせる）

2. Stricter regulations on the use of **smart phones** while driving will decrease the rate of **car accidents**.
（運転中の携帯電話やスマートフォンの使用を厳しく法律で規制することは、車の事故の発生率を減らす）

　1のサポートは、違反切符を切られるのを恐れて、運転スピードを落とし、飲酒運転を慎む（People will drive at a slower speed and refrain from drunk driving for fear of getting tickets.） のように作っていくとよいでしょう。また 2 は運転中のスマホの使用に対して法律で厳しく規制することで事故が減るという主張です。スマホの代わりに、シートベルトの着用を義務付ける法規制も事故を減らす（stricter regulations on the use of seat belts will decrease the rate of car accidents）ことにつながるとしてもよいでしょう。

　反対の立場で書くならば、法律や罰則以外の対策を考える必要があります。教習の効果は証明するのが難しく、説得力に欠けます。やはりこのトピックは肯定の立場で書くようにしましょう。

　いかがでしたか？ 少し慣れてきましたか？ 公共政策に関わるトピックは非常に重要なので、普段からニュースなどによく目を通し、様々な問題を把握しておくとよいでしょう。では次のトピックに移りましょう。

# 02 「経済・ビジネス」分野で押さえる ポイントはこれだ!

　この分野では 2016 年に "Should Japanese companies improve working conditions for women?"（日本企業は女性社員の待遇を向上させるべきか）という出題がありましたが、これは 2 次面接頻出のトピックであり、過去に繰り返し出題されています。他にも、"Do you think that companies should make more efforts to prevent false or misleading advertisement?"（企業は誇大広告を防ぐためにもっと努力するべきか）"Should companies reduce the budget for advertisement?"（企業は広告費の予算を削減すべきか）など企業と広告の関係を問うものが 2 次試験では頻出ですので、エッセイトピックとしての出題の可能性も高いでしょう。また、Chapter 6 にある定年 (retirement age)、能力給制 (performance-based pay system)、会社への忠誠心 (loyalty to the company) などの他に、学歴か職務経験か (academic qualifications vs. work experience) など教育分野とビジネス分野にまたがるトピックも出題される可能性があります。それでは練習してみましょう!

## キーアイディア作成大特訓 ③

トピックと 4 つのポイントを見て、キーアイディアを考えてみましょう!

> **Q.** Do you think that the gap between the rich and the poor in society will get bigger?
>
> （社会における貧富の差は広がるか）
>
> POINTS Globalization / Educational opportunities / Taxation / Social welfare

### こう攻略しよう

　フランスの経済学者、トマ・ピケティは、資本主義社会において貧富格差の拡大は避けられない問題と指摘しており、貧富の格差はいまや世界的な社会問題となっています。そうした事実を踏まえて考えると、このトピックは肯定の立場のほうが組み立てやすいことがわかるでしょう。ポイントの globalization と educational opportunities を使うと、格差を

生み出す競争の激しい社会、教育格差といった、資本主義社会の抱える問題を描写する肯定側のキーアイディアを作ることができるでしょう。

### → 賛成！

1. Increased competition through **globalization** will widen the gap between the haves and have-nots.
（グローバル化の中でますます競争が増し、持てる者と持たざる者の間の格差が広がる）

2. Unlike wealthy people, low income earners cannot provide good **educational opportunities** to their children, which will widen the income gap.
（裕福な人と違って、低所得者は子どもによい教育の機会を与えることができず、ますます所得格差が広がる）

　賛成の理由として、「グローバル化による競争の激化」と、子どもの教育に富裕層はますます投資をする一方で、貧しい家庭はますます教育費を削るという「教育格差（educational divide）」が、さらなる所得格差を生み出してしまうという2つのキーアイディアは強いです。

　反対の意見としては、「富裕層への課税を重くする（impose heavier taxes on wealthy people）」「社会福祉の充実（enhance the quality of social welfare）」により、格差を縮小することなどを挙げられますが、弱いアーギュメントですので、迷わず肯定側で書くようにしましょう。テスト本番では時間も限られているため、どちらの立場のほうが書きやすいか、素早く判断することも必要です。それでは次の問題にチャレンジ！

## キーアイディア作成特訓 ④

　トピックと4つのポイントを見て、キーアイディアを考えてみましょう！

> **Q** Should companies adopt casual clothes?
> （企業はカジュアルな服装を認めるべきか）
>
> POINTS▶ Sexual harassment / Productivity / Discipline / Energy saving

### こう攻略しよう

　最近は、スーツではなく、オフィスカジュアルな服装での出勤を認める会社も増えてきました。ファッションを楽しめる反面、毎日の服装選びに困っている人も多いかもしれません

ね。このように、このトピックでは肯定・否定両方の立場の解答が考えられます。カジュアルな服装にすることのメリットは、暑い夏にスーツを着る必要がなくなり、エネルギーの節約につながります。また、創造的な仕事をしている人にとっては生産性の向上にもつながるでしょう。では4つのポイントを見てみて、キーアイディアを作ってみましょう。energy saving は肯定の立場、discipline と sexual harassment は否定の立場であることはわかると思います。productivity はどうでしょうか。規律が乱れて生産性が落ちる、という人もいれば、職種によっては creativity が高まり生産性が高まるという意見の人もいるでしょう。まずは自分の意見をしっかりと固めてから取り組むようにしましょう。

→ 賛成！

1. Casual clothes will contribute to **energy saving** because of their adaptability to temperature changes.
（カジュアルな服装は気温の変化に対応できるので、エネルギー節約につながる）

2. Casual clothes will **increase the productivity** of workers engaged in creative jobs.
（カジュアルな服装は、創造的な仕事に就いている労働者の生産性を高める）

→ 反対！

1. Casual clothes will increase the possibility of **sexual harassment** in the workplace.
（カジュアルな服装は職場でのセクハラの可能性を高める）

2. Casual clothes will **decrease workers' productivity** by **undermining their discipline** in the workplace.
（カジュアルな服装は職場の規律を乱し、従業員の生産性を低下させる）

　賛成の意見では、エネルギーの節約になるというのが一番強い主張なので、最初にこれを書きましょう。次に、ポイントの productivity をどう肯定の意見で使えばいいかを考え、上記のように創造的な仕事に就いている人の生産性があがる、とすればよいでしょう。

　では反対の意見はどうでしょうか。また、特に夏は女性の服装が薄手となり、それがセクハラにつながるということが考えられます。また、カジュアルな服装だと職場の規律（discipline）が緩くなり、だらけたムードで生産性が低下する点が挙げられます。反対のその他の理由として、各自バラバラな服装をしていると帰属意識が低下し、会社への忠誠心を弱める（It will decrease workers' loyalty to their companies.）などが考えられます。

　いかがでしたか？　では次の分野「メディア」に行ってみましょう！

# 03

## 「メディア」分野で押さえるポイントはこれだ！

　新形式のエッセイではまだメディア分野からは出題されていませんが、2次面接では頻出分野であり、しっかりと押さえておく必要があります。面接では特にインターネットに関するトピックが過去に多く出題されています。1982年に登場したインターネットは90年代半ば以降、私たちの生活に大きな影響を与えて続けており、ビジネスから日常生活まで、今ではなくてはならないものとなりました。そのため、インターネットが与える影響について、多くの研究もなされています。2次面接でも "Has the spread of the Internet had a positive influence on society?"（インターネットの普及は社会に良い影響を与えたか）というトピックは、少しずつ形を変えて繰り返し出題されています。またインターネット上の利便性や犯罪、オンラインショッピング、ネットニュースと新聞の比較なども過去に出題されています。

　インターネットの他には、Chapter 6にある "Is advertising beneficial to society?"（広告は社会にとって有益であるか）などのように、広告に関するトピックがよく問われています。また、"Do you think that the news on TV can be trusted?"（テレビのニュースは信用できると思うか）などのようにテレビ報道についても問われることがあります。メディアによる有名人のプライバシーの詮索、テレビCMなども押さえておくべき点です。

　それでは練習してみましょう！

### キーアイディア作成特訓 ⑤

トピックと4つのポイントを見て、キーアイディアを考えてみましょう！

**Q.** Has the spread of the Internet had a positive influence on society?

（インターネットの普及は社会に良い影響を与えたか）

POINTS ▶ Information / Distance learning / Communication / Sense of isolation

## こう攻略しよう

このトピックは皆さんすぐに肯定・否定、両方の意見を挙げることができるのではないでしょうか。4つのポイントを見て、どれを使えば書きやすいかを考えてみましょう。information と distance learning（遠隔教育）はインターネットが可能にしたものとして挙げることができますね。communication はどうでしょうか？ インターネットによって遠隔地にいる人とのコミュニケーションが容易になったとも言えるし、face-to-face communication（面と向かってのコミュニケーション）が減ってしまうとも言えるでしょう。sense of isolation（孤立感）も否定側のポイントであることは明らかですね。肯定・否定ひとつずつ挙げるのではなく、どちらの立場に立って書くかをはっきりと決めてから、キーアイディアを練りましょう。

### → 賛成！

1. The Internet has greatly facilitated the gathering and exchange of ideas and **information**, globalizing communication and business.
（アイディアや情報を収集し交換することを非常に容易にし、コミュニケーションやビジネスをグローバル化してきた）

2. People living in remote areas can enjoy shopping, **distance learning** and communication with people in other countries.
（離れた地域に住んでいる人々が買い物や遠隔教育や、ほかの国の人々とのコミュニケーションを楽しめるようになりました）

### → 反対！

1. It discourages users from face-to-face **communication** with each other.
（インターネットは対面でコミュニケーションしようという気をなくさせる）

2. It encourages users to withdraw from society with a growing **sense of isolation**.
（ひきこもりを奨励することになり、ユーザーの孤立感を助長する）

賛成の意見としては、ほとんどの人がアイディアや情報の収集が容易にできることをまず挙げるでしょう。多くの人が認めるアイディアは説得力があるので、これを最初に書きましょう。次に、**distance learning**（遠隔教育）を使って、インターネットのメリットを書きましょう。その際、**オンラインショッピング**や **SNS** など、インターネットによって可能になったことを付け加えるとより説得力が増すでしょう。

反対の意見としては、「**対面コミュニケーションの意欲の減少**」や「**ひきこもり**」など、インターネットによる人々への精神状態への影響を述べるといいでしょう。インターネッ

トは便利な反面、依存しすぎると脳や心身に悪影響を与えるという研究が多数あります。よく報道もされていますので、エッセイに使えそうな内容はメモをとるなど、普段から注意しておくとよいでしょう。それでは次の問題にチャレンジ！

## キーアイディア作成特訓 ⑥

トピックと４つのポイントを見て、キーアイディアを考えてみましょう！

**Q.** Is it acceptable for the media to investigate the private lives of celebrities？
（メディアが有名人の私生活を報道することは許されるか）

POINTS Private life / Safety / Political corruption / Price of fame

### こう攻略しよう

著名人 (public figure) のプライバシーについては様々な意見があり、２次面接でも過去に出題がありました。肯定・否定両方の立場での展開が考えられるトピックですね。最初のキーポイントである private life（私生活）はどちらの立場で使うと良いでしょうか？「有名人の私生活は守られるべきだ」「有名人は私生活を犠牲にするべきだ」と両方の立場が考えられますね。safety（安全）はどうでしょうか。1997年、イギリスの元皇太子妃がパパラッチに追いかけられ、交通事故死するという悲劇があったことからもわかるように、これは否定側のキーアイディアとして使えますね。肯定側のポイントとしては、political corruption（政治腐敗）に関しては、有名人のプライバシーより報道の自由を優先すべきという点や、有名人は、有名であることの対価（＝プライバシーがなくなる）、つまり price of fame（有名税）を払う必要があるという点が挙げられるでしょう。以上を踏まえてキーアイディアを作ってみましょう。

### → 賛成！

1. In the case of coverage of **political corruption**, freedom of the press and the public's right to know are more important than celebrities' right to privacy.
（政治腐敗の報道の場合には、報道の自由と人々の知る権利が有名人のプライバシーの権利より重要である）

105

2. Celebrities, who receive huge income because of their publicity, should entertain the public by sacrificing their privacy as the **price of fame**.

（有名なために莫大な報酬を得るのだから、著名人は有名税としてプライバシーは犠牲にして、大衆を楽しませるべきである）

### → 反対！

1. Paparazzi's endless pursuit of photographing celebrities can **risk their lives**.

（パパラッチによる著名人の写真を撮ろうという執拗な追跡は、有名人の身を危険にさらす）

2. Regardless of publicity, the **private lives** of individuals should be protected from the media that seeks to violate their privacy and take their scandalous pictures.

（知名度にかかわらず、プライバシーを侵害し、不面目な写真を撮影するメディアから個人の私生活は、守られるべきである）

　有名人の私生活に関する報道を肯定するには、どのような場合に認められるのか、はっきりと述べる必要があります。まず、政治家の汚職に関しては、「国民の知る権利（citizens' right to know）」が優先されます。政治家は国民の血税から給料をもらっているわけですから、政治腐敗を起こす政治家の私生活の報道は当然であるという考え方です。それからセレブの中には、自分の私生活をマスコミにうまく流して自己PRをし、そのおかげでますます有名になって多額の報酬を得るという、マスコミとの持ちつ持たれつの関係があるため、「有名税」としてある程度、プライバシーを犠牲にするのは当然であるという考え方があります。

　一方、反対の意見の1つ目は、パパラッチ（paparazzi）が有名人の私生活を追い回す過程で、彼らの命を危険にさらす（risk the lives of celebrities）という強い意見です。2つ目は、有名人も同じ人間なのだから、知名度にかかわらず（regardless of publicity）、誰もがプライバシーは守られるべきであるという主張です。

　いかがでしたか？　自分でサポートの書きやすいほうを瞬時に選べるよう、練習をしておきましょう。それではテクノロジー分野にはりきって参りましょう！

# 04 「テクノロジー」分野で押さえるポイントはこれだ！

　この分野からは 2017 年に "Should Japan become a completely cashless society?"（日本はキャッシュレス社会になるべきか）と "Do you think people will live on other planets in the future?"（将来、人は他の惑星に住むと思うか）の 2 題が出題されており、今後も引き続きこの分野から出題されることが予想されます。2 次面接では、近年の出題は少ないものの、コンピュータの子どもへの影響（the influence of computers on children）や電子ブックについての意見を問うトピックなどが過去に出題されています。宇宙開発（space exploration）やデジタル機器（digital device）、コンピュータの影響などについてのトピックは今後も押さえておくほうがいいでしょう。

## キーアイディア作成特訓 ⑦

　トピックと 4 つのポイントを見て、キーアイディアを考えてみましょう！

> **Q.** Should cloning technology be promoted?
> （クローン技術は推進されるべきか）
>
> **POINTS** Food shortage / Abuse / Saving human lives / Diversity

### こう攻略しよう

　生物学用語である clone は「小枝、分裂」を意味するギリシャ語が語源で、1903 年に作られた単語です。クローン技術は目覚ましい進歩を遂げており、研究の成果が報道されることもよくありますから、その都度、内容をしっかり把握しておくようにすると、エッセイを書くときに大いに役立つでしょう。

　この 4 つのうち、肯定側の意見を述べるときに使うポイントはどれでしょうか？ saving human lives と food shortage が肯定側のポイントですね。1 つ目は「臓器移植（organ transplant / transplantation）の順番が間に合わずに亡くなってしまう人が多くおり、クローン技術によってそういう人たちの命を救うことができる」とすればいいでしょう。2 つ目は、「クローン技術で食糧不足を緩和できる」とするとよいでしょう。

クローン技術についての否定的な点はどのようなことが挙げられるでしょうか? ポイントからは生物の多様性 (biodiversity) が失われること、クローン技術で作られた人間が搾取される恐れがあることなども挙げることができます。では、一緒にキーアイディアを考えてみましょう。

### → 賛成!

1. Therapeutic cloning could **save the lives of patients** suffering from incurable diseases.
（治療型クローニングは不治の病に苦しむ患者の命を救うことができる）

2. Cloning animals can help alleviate **food shortages**.
（クローン技術で作られた動物は食糧不足を緩和することができる）

### → 反対!

1. Cloning technology can **undermine biodiversity**.
（クローン技術により生物の多様性が損なわれる可能性がある）

2. There is a possibility of **abuse** of human cloning technology.
（ヒトのクローン技術が悪用される可能性がある）

第1の賛成理由「治療型クローニングは不治の病に苦しむ患者の命を救う」は、「医療目的のクローン技術は、拒絶反応なしの臓器移植を実現させ、貴重な生命を救う (**Therapeutic cloning technology will save precious lives by realizing organ transplant without rejection.**)」や「臓器移植を待ちながらクローン技術がなければ失われるかもしれない患者の命を救うことができる (**Therapeutic cloning can save the lives of patients waiting for a transplant that may otherwise be lost.**)」のようにサポートすることができます。第2の賛成理由「動物をクローン技術で増やすことで食糧不足を緩和する」のサポートとしては、すでに米国食品医薬品局 (**the US Food and Drug Administration [FDA]**) が認可したクローン牛・豚・ヤギの肉やミルク (**meat and milk from cloned cattle, pigs and goats**) を例に挙げるとよいでしょう。その他にも、「クローン技術で絶滅危惧種の個体数を増やすことができる (**Cloning technology can increase the number of endangered species.**)」や「亡くなった愛するペットを復元 (**restore your lovely deceased pet**) できる」などが挙げられます。

反対の第1の理由「生物の多様性が減る」のサポートとしては、「すぐれた遺伝子をもつ生物ばかりをクローンで作れるため、生物の多様性が減る」と進めるとよいでしょう。第2の理由「クローン技術の悪用」のサポートは、「クローン人間は使用人や兵士と

して労働を強制され搾取される (**Cloned humans can be abused or exploited as servants or soldiers.**)」などの例を挙げるとよいでしょう。その他の反対の理由として、「人工的に生命を作り出すのは生命倫理に反する (**artificial creation of life goes against bioethics**)」「クローン技術で生み出された人は、ガンなどの発症リスクが高く、短寿命に終わる危険性がある (**Cloned human beings can have short lives with an increased risk of cancer or other illnesses.**)」などがあります。

## キーアイディア作成特訓 ⑧

トピックと4つのポイントを見て、キーアイディアを考えてみましょう！

**Q.** Should space exploration be promoted?
（宇宙開発は促進されるべきか？）

**POINTS** Scientific advancement / Poverty / Danger / International cooperation

### こう攻略しよう

4つのポイントが肯定・否定のどちらで使えるか、すぐに見極められるようになりましたか？ ここにあるうち、scientific advancement（科学の発展）と international cooperation（国際協力）は肯定側ですね。poverty と danger は否定側です。天気予報 (weather forecast) やカーナビ、衛星放送 (satellite broadcasting) など、宇宙開発によってもたらされる恩恵は数多くありますが、その反面、貧困 (poverty) など地上の目の前の差し迫った問題の解決が先決であり、宇宙飛行士などの命を危険にさらしてまで投資する価値があるのか、という反対意見もあります。どちらの立場の方が強いアーギュメントになるか、キーアイディアを作る過程で考えてみましょう。

### → 賛成！

1. Space exploration with the potential of discovering unknown facts contributes to **advancements in science and technology**.
   （新事実を発見できる可能性を秘めた宇宙開発は、科学技術の発展に貢献する）

2. Space exploration contributes to world peace through international **cooperation** in large-scale joint ventures.
   （宇宙開発は、大規模な共同事業での国際協力を通じて、世界平和に貢献する）

109

## → 反対！

1. National wealth should be invested into solving urgent problems on earth, such as **poverty** and environmental degradation.
（国家の資金は、貧困や環境劣化など地球上の差し迫った問題の解決のために向けられるべきだ）

2. Manned space flights pose great **dangers** to the lives of astronauts.
（有人宇宙飛行は、宇宙飛行士の命を危険にさらす）

　宇宙開発賛成派の意見として、最も強い理由は、宇宙開発によってもたらされる恩恵、つまり科学技術の発展が挙げられます。これらのサポートには、インターネット、携帯電話、カーナビ（car navigation system）、新素材（new materials）、レトルト食品や保存食（retort food and preserved food）、新薬の開発などさまざまな例を挙げ、強いアーギュメントが展開できます。2は、宇宙開発は大規模プロジェクトなので、多くの国の協力が必須であり、それは国際平和につながる、という主張です。大規模プロジェクトの例としては、国際宇宙ステーション（the International Space Station）を挙げ、サポートをするとよいでしょう。

　その他の賛成の理由としては、「人口過密の地上では資源が枯渇してしまうので、宇宙開発はテラフォーミングのために必要な投資である（Space exploration is a necessary investment for terraforming, as the earth is already overpopulated and exhausting its natural resources）」、また、「宇宙旅行は人間の冒険心や未知への探求心を満たしてくれる（Space travel satisfies the human desire for adventure and exploring the unknown）」などが挙げられます。

　反対の意見としては、第1に、巨額の費用を投じて宇宙開発をするより、今日、地球上で早急に解決すべき貧困や環境問題などに国家の富を使うべきという主張、第2に、宇宙開発は人命を危機にさらすという主張で、サポートとしては、スペースシャトルチャレンジャーの7名、スペースシャトルコロンビアの7名など過去に起こった宇宙飛行士の死亡事故の多さを挙げることができます。

# 05

## 「環境」分野で押さえるポイントはこれだ！

環境保護（environmental protection）に関するトピックは2次面接では頻出トピックであり、エッセイ対策としても重要な分野です。国の政策や個人でできることなど問われ方は様々です。例えば動物実験（animal experiments）の是非や絶滅危惧種（endangered species）の保護など動物に関するトピックや、環境保護への取り組みとして、2次面接でも頻出トピックの "Do you think that companies should do more to protect the environment?"（企業はもっと環境の保護に取り組むべきか）や "Will renewable energy sources eventually replace fossil fuels?"（再生可能エネルギーはいずれ化石燃料に取って代わるか）"、その他、温暖化（global warming）などは重要ですので、しっかりと押さえておきましょう。

## キーアイディア作成特訓 ⑨

トピックと4つのポイントを見て、キーアイディアを考えてみましょう！

**Q.** Can animal experiments be justified?

（動物実験は正当化できるか？）

POINTS Incurable diseases / Biological functions / Right to life / Effect on the economy

### こう攻略しよう

動物実験の是非は世界的にも論争の的になっているトピックです。動物実験（animal experiment）とは、一般的には薬品、化粧品、化学物質などの安全性や有効性を評価するために行われる実験をさします。対象となる動物に対してあまり害のないものもある一方で、医学的な研究ではウイルスを感染させて病気を誘発させられたり、毒性実験では実験動物全体の半分が死ぬまで物質が投与されたり、化粧品などの実験では、拘束状態で物質を点眼されるなど、かなり残酷なことが行われているのも事実です。それらの動物の多くは我々人間と同じように苦しみ、痛みに反応すると言われており、動物の権利を保護するべきという「動物実験反対派」の意見と、人間の命を守り生活を豊かにするために、これらの動

111

物の犠牲は必要であるという「賛成派」の意見に分かれた議論が巻き起こっています。

では、上のキーポイントを見ながら、賛成と反対のキーアイディア文を考えてみましょう。

### → 賛成！

1. Animal testing is indispensable to save people suffering from **incurable diseases**.

   （動物実験は不治の病に苦しむ人の命を救うのに必要不可欠である）

2. Animal testing will **boost the economy** by increasing sales of the pharmaceutical industry.

   （動物実験により、製薬業の売り上げが伸び、経済が活性化する）

### → 反対！

1. Animals **have the right to life** and should not be sacrificed for the benefits of human beings.

   （動物には生きる権利があり、人間の利益のために犠牲にされるべきではない）

2. Animal testing is unreliable because animals are entirely different from human beings in **biological functions** and behavior patterns.

   （生物学的機能・行動パターンについて、動物は全く人間とは異なるため、信頼性が低い）

　賛成の意見としては、まず、「不治の病に苦しむ患者の命を救うのに必須」である点を述べますが、動物実験は医学の発展に大きく貢献する（contribute greatly to the development of medical science）としてもよいでしょう。2つ目は、動物実験により新薬の販売が認可され、「製薬業界の売り上げがアップし、経済が活性化する（boost the economy）」点を述べます。その他の賛成の意見としては、少し弱いですが、動物実験は動物の薬の開発にもつながるため、動物自身の健康（the well-being of animals themselves）のために必要という主張もあります。

　一方、反対派の意見は、第1に、人間と同様に、動物にも「生きる権利（right to life）」がある、そして第2に、「動物の生物学的機能（biological functions）は人間と異なり、動物実験は信頼できない（unreliable）」などの意見が定番の主張です。

# キーアイディア作成特訓 ⑩

トピックと4つのポイントを見て、キーアイディアを考えてみましょう！

**Q.** Is environmental protection compatible with economic growth?

（環境保護と経済成長は両立できるか？）

**POINTS** Renewable energy / Reputation / Cost / Developing countries

## こう攻略しよう

　環境分野とビジネス分野にまたがる論争トピックである sustainability の実現性については、英検でも非常に重要なトピックです。sustainability とは、環境を守りつつ、ゆるやかな経済発展を目指すことで、「持続可能性」と訳されます。再生可能エネルギー（renewable energy）の実用化や循環型社会（recycling-oriented society）の実現などの環境問題を考える際に重要になる概念ですから、しっかりと理解しておくようにしましょう。また sustainability を追求することで企業にとってどんなメリットがあるのかも賛成派の意見として述べることができます。

　一方、sustainability を追い求めるのは、コストが高くつき（costly）、また発展途上国（developing countries）にとっては、経済的な負担となるという反対派の意見もあります。さて、どちらの意見でアーギュメントを進めると説得力があるでしょうか？ 考えてから、以下のキーアイディアをご覧ください。

### → 賛成！

1. Sustainable development can be achieved by the development of **renewable energy sources** and eco-friendly products.
   （持続的な発展は、再生可能エネルギー資源や環境にやさしい製品の開発により達成されうる）

2. Companies' eco-consciousness contributes to their business success by **enhancing their reputation**.
   （環境政策を重視する企業は、高く評価されてビジネスの成功につながる）

## → 反対！

1. It **costs a tremendous amount of money** to build eco-friendly manufacturing plants, which will make sustainable development difficult to achieve.
(環境にやさしい製造工場を建設するには多額の費用がかかるため、持続的な発展を達成しにくい)

2. **Sustainable development** is held back by developing countries' resistance and indignation after all the exploitation made by developed countries.
(持続可能な発展は、先進国による搾取を経験した発展途上国の抵抗や怒りによって妨げられる)

賛成の意見としては、環境にやさしい製品 (eco-friendly product) や再生可能エネルギー (renewable energy sources) の開発により持続的な発展は実現できるという意見が最も強く、次に、高まる企業の社会責任 (the growing importance of Corporate Social Responsibilities [CSRs]) の影響で、エコな企業というイメージを高めることでビジネスにつなげることができる点を述べます。

一方、反対の意見としては、環境にやさしい製造工場建設の初期費用の高さを挙げ、発展途上国 (developing countries) にとっては、コスト増による財政負担増で、先に環境破壊をして発展した先進国に対しての不公平感の高まりを挙げます。

両者のスタンスを総合判定すると、賛成のほうが、時流に乗っており説得力があるでしょう。英検のエッセイでは、このように environmental awareness の流れにのったスタンスで書くほうが、圧倒的に有利です。

さて、キーアイディアトレーニングはいかがでしたか。なかなかチャレンジングだったでしょう。それでは次のステップとして、キーアイディアにサポート (例証) をつけて説得力を増すアーギュメント力 UP トレーニングに参りましょう。

# Chapter 6

## アーギュメント力UP
### トレーニング

では、ここからは今後も非常に出題されやすい、さまざまな社会問題ト
ピックの背景知識と、エッセイ・ライティング力をグーンッとアップする「論
理性」と「英語発信力」のトレーニングを行っていきましょう。

　この章では、よく出題される最重要トピックの中から12題扱い、まず
前半の6題では、学習者が間違いやすい解答例を取り上げ、解説を読
みながら「論理性のあるエッセイ」を書く能力を付けるためのロジカルシ
ンキング力（論理的思考力）と、そのモデルアンサーを通して英語発信力
（ライティング力）を鍛えていきます。後半の6題ではさらに英語発信力
を鍛えるため、モデルアンサーと解説でさらにエッセイ・ライティングのコ
ツを習得していきましょう。

　さて、この章から本格的に取り組む「ロジカルシンキング」とは、ある
事柄に対して「関連した具体例が提示された、論理的で首尾一貫した
アーギュメント（主張）」を意味します。日本のほとんどの学校では国語、
英語共に論理的思考を鍛える授業や指導を受けていないため、多くの
学習者は日本語的発想で話を展開してしまい、一貫性、論理性の欠ける
文章を書いてしまいがちです。また、日本人はよくグレーゾーンシンキング
＆スピーキング（中間的思考＆発話）をする傾向があるので、話し手のス
タンスが Yes（賛成）なのか No（反対）なのか聞き手にわからないこと
がよくあり、これが論理的コミュニケーションの障害になっています。あ
る問題について、賛成が80％で反対が20％くらいなら、簡単に Yes（賛
成）と言えますが、仮に賛成55％反対45％のようにスタンスが微妙な
場合にははっきり「賛成」とは述べにくいのではないでしょうか。このよう
な場合、日本人はよく「賛成」の主張を弱めてしまう「反対」の例を挙
げ、結局何が言いたいのか（どちらのスタンスなのか）つかみ所のない印
象を与えがちです。エッセイ・ライティングではこのような「あいまい」な

スタンスにならないよう、立場を明確にすることに努めてください。

では、まずはエッセイ・ライティングで非常に頻度の高いアーギュメントに関連したミスを6つ確認しておきましょう！

### 1 論点がずれている

これは「問われている内容に適切に答えていない」ということを意味します。例えば「大学に進学することのメリットを挙げなさい」という問いに対して、「アルバイトができるから」「一人暮らしができるから」のような論点がずれている応答をしてしまうことがこれに当てはまります。これを防ぐためには、必ず自分の書いた内容が問題に適切に答えているかということをチェックすることが重要です。

### 2 ポイントがパラグラフの最後に書かれてしまっている

このミスも非常に多いのですが、ポイントはパラグラフの1行目に書いていなくてはなりません。これは、一番大事なことを最後に述べる日本人の悪いクセなのですが、英語で発信する場合には重要なことは最初に述べるのが鉄則です。

### 3 サポート（具体例）がずれている

キーアイディアに対してサポート（具体例）が関連性のない主張になっているミスです。例えば、田舎よりも都市部に住むメリットのひとつは「雇用のチャンスが多いから」というキーアイディアを提示したとします。それに対する具体例として、「多くの企業は優秀なグローバル人材を求めている」のような全くつながりのない論理展開をすることがこれに当たります。このようなミスを防ぐために、キーアイディアとサポートにつながりがあるかを毎回チェックするようにしましょう。

## 4 論理が飛躍している

アーギュメントが適切な段階を踏まずに急に結論に移ってしまうことを言います。例えば、「留学のメリットは？」という問いに対する話の展開が、「海外の学生とのネットワークを築くことができる」→「人々の幸せにつながる」といったような形を言います。正確には「海外の学生とのネットワークを築くことができる」→「人脈ができ、外国の事情に精通することで海外にビジネスが展開しやすくなる」→「現地の雇用増加や経済発展につながる」→「人々の収入が増え幸せにつながる」のように適切な順序を追って述べることが重要です。

## 5 1点目と2点目のキーアイディアが重複している

これもよく見られるミスで、理由を2点述べているにもかかわらず、それらの内容が重複しているミスです。例えば「インターネットのメリットは？」という問いに対して1点目は「情報を得やすくなった」、2点目は「最新のニュースがすぐにわかるようになった」のようにキーアイディアが同じ内容になっているパターンです。この場合は2点目の「ニュースがすぐにわかる」ことは「情報を得やすくなった」ことに含まれています。

## 6 個人的な経験で論証しようとしている

説得力のある強いアーギュメントを提示するには、個人的な体験は説得力がないので、一般的に認識されている事例を提示することがポイントです。そのためには普段から様々な分野に関する教養とアイディア力を高めておくことが重要です。

以上の6点がアーギュメントの展開で注意すべきミスです。慣れないうちはこれらを毎回チェックすることを心掛け、少しずつ論理性の高い一貫したエッセイが書けるようにしていきましょう！

それでは、さっそく論理的なエッセイを書くためのトレーニングをはじめましょう！　用意はいいですか？

# 01

## 定年後も働き続けるべきか？

### ■ ワンポイントレクチャー

「定年後（after retirement age）も人は働き続けるべきか」という、ビジネス、高齢化社会（aging society）に関連したトピックです。日本人の平均余命（average life expectancy）は男性が約 81 歳、女性が約 87 歳となり、科学や医療の進歩（the progress[advancement] of science and medicine）に伴って今後も寿命は延び続ける（continue to extend）でしょう。このような時代背景では、高齢者は定年を過ぎても働き続けるべきなのでしょうか。現役時代はがむしゃらに働き、退職後は余生をのんびり楽しむ（enjoy *one's* remaining life）という一昔前の考え方はもう時代遅れ（obsolete）なのでしょうか。

高齢者が働き続けることは、生きがい（something to live[worth living] for）となり生活のリズムが維持できる（keep regular hours）ので健康のために良いという意見と、一方ではストレスになり身体的にもきつく（stressful both mentally and physically）健康に悪いという意見もあります。しかし社会の動きとしては、年金の支給開始年齢（the starting age for receiving pension payments）が遅らされ、また最近では高齢者のキャリアアップのためのセミナー（seminars for the elderly to develop their career）も増え続けるなど、定年後も働き続けるという考えが主流になってきているようです。

ではこれらを踏まえた上でエッセイトレーニングに取り組んでいきましょう！

ここでは、各トピックに、構成や論理性に問題のあるエッセイが最初に挙げられています。文法、語法ではなく、構成やアーギュメントの論理性に焦点を当てて問題点を考えてください。

### 問題 1

Agree or disagree: People should continue to work after the retirement age.

[訳] 人は定年後も働き続けるべきである、という意見に賛成か、反対か？

POINTS▶ Health / Money / Unemployment / Stress

## → 賛成の意見 [論理展開の悪い解答例]

I agree with the idea that people should continue to work after the retirement age. I have two reasons to support my opinion.

First, many elderly people simply like their jobs. <u>Working gives their lives a sense of purpose and meaning.</u> Furthermore, <u>aging people need money</u> to maintain the lifestyles they are accustomed to.

Second, as the <u>average life expectancy has increased</u>, healthy elderly people do not feel the urge to retire as early as before. The retirement age of 65 is becoming obsolete. Since it was imposed without asking, it does not make sense these days <u>due to extended longevity.</u>

For the reasons mentioned above, I believe that people should continue to work after the retirement age.

[訳] 人は定年後も働き続けるべきという意見に賛成である。それをサポートする理由が2つある。

第一に、多くの高齢者は自分たちの仕事がとにかく好きである。働くことは彼らの人生に目的意識や意義を与える。また、高齢者は慣れ親しんだ生活を維持するのにお金が必要である。

第二に平均余命が延びたので、健康な高齢者は以前のように早く退職したい気持ちにはなれない。65歳定年はもう時代遅れである。それは勝手に押しつけられた年齢であり、寿命が延びた今日では意味をなさない。

以上の理由から、人は定年後も働き続けるべきだと私は思う。

## 🖍 エッセイ・ライティングのポイント

　このエッセイには難点が3つあります。まず、語数が115語で、規定の120～150語という条件を満たしていません。次にエッセイでは、いきなり I agree ... と始めず、その前に現状や一般論を述べます。このエッセイでは「高齢化が進み退職後も働く人が増えている」という現状を述べるとよいでしょう。

　次に、文の構成が良くありません。第2パラグラフの理由1の中に、下線部の2つのポイントが述べられています（1. 仕事が生きがい、2. お金が必要）。エッセイ・ライティングは、「1パラグラフにひとつの主張」が鉄則です。この場合は与えられたポイント "money" を使って「お金が必要」だけを使いましょう。

　さらに、第3パラグラフの理由2は、定年後も働くべきである理由として、寿命が延びたから、と述べていますが弱すぎます。与えられたポイント "health" を使い、仕事を続けることで、健康が維持でき長生きできるという強いアーギュメントにしましょう。

イントロダクションで現状と意見を述べ、理由1は金銭的に必要、理由2は健康維持のためと構成し直すと、次のようになります。

---

**高得点ゲット！** **Model Answer** はこれだ！

These days, as the population ages, many people continue to work even after their retirement in developed countries like Japan. I think that people should continue to work for the following two reasons.

**First,** working after retirement financially helps the elderly. Many people cannot save enough money before the retirement age. Therefore, they have to work to maintain the lifestyles they are accustomed to, since pensions are not enough to keep up with the rising costs of living.

**Second,** working keeps elderly people mentally and physically healthy. Staying socially active by working helps them feel younger and live a healthy life. Studies show that working can delay the development of age-related diseases like dementia. Many diseases can be delayed or prevented by keeping regular hours in their life.

**In conclusion,** for these two reasons, helping keep them financially stable and healthy, people should continue to work after retirement.

---

**表現力をUPしよう！**

□ pension 年金　□ the development of 〜（病気の）発症、進行
□ age-related diseases 加齢に伴う病気　□ dementia 認知症
□ keep regular hours 規則正しい生活をする

［訳］今日人口の高齢化に伴い、日本のような先進国では定年後も働き続ける人が多くなってきている。私は以下の2つの理由からこの傾向には賛成である。

第一に、定年後も働くことが高齢者の金銭的な助けとなる。在職中に定年後のための十分な貯金ができない人はたくさんいる。したがって、生活費が上がるなか、それまでのライフスタイルを維持するには年金だけではままならず、働かざるを得ない。

第二に、働くことで高齢者は精神的にも肉体的にも健康でいることができる。社会的に活動し続けることで気持ちも若くなり健康的な生活を送れる。働くことが認知症など加齢に伴う病気の発症を遅らせることは研究から明らかになっており、規則正しい生活を維持することで多くの病気の進行を遅らせ、予防することができる。

結論として、金銭的な安定を維持し、健康を保つという2つの理由から、人は定年後も働き続けるべきである。

**攻略アドバイス**

　このように、イントロダクションで現状（今何が起きているのか）と自分の意見を述べ、理由1は「お金のため」、理由2は「健康維持のため」と、必ず1パラグラフにポイントはひとつだけ述べ、その後にそれらをサポートする理由を実例や研究結果を示して説明します。

▼

## 満点突破攻略法
# 主張は1パラグラフに 1ポイントが鉄則！

収穫作中の低下

以上が賛成意見です。それでは次に反対意見のエッセイを見てみましょう。

### → 反対の意見 ［論理展開の悪い解答例］

Nowadays the population is aging in many developed countries. Although some people say that people should continue to work after retirement age, I do not agree with the idea for the following two reasons.

First, continuing to work after retirement age can lead to an increase in the unemployment rate. Staying too long at their companies <u>means</u> <u>fewer</u> job openings for younger generations. It is essential to hire younger workers to replace retired workers <u>for the growth of the companies</u>.

Second, <u>working after retirement makes business less profitable</u>. Having an aging workforce can decrease companies' productivity because of their declining health, physical strength and memory. Therefore, <u>it is important for companies</u>

［訳］今日先進国では人口の高齢化が進んでいる。人は定年後も働き続けるべきだという人もいるが、個人的には、以下の2つの理由から私はこの考えには反対である。

第一に、定年後も働き続けることは失業率の増加につながる。彼らが会社に長くいすぎるのは、若い世代にとって就職口が少なくなるということである。退職者に代わる若い従業員を雇うことは、会社の成長のために必要不可欠である。

第二に、定年後も働き続けることは会社の収益性を下げる。健康が衰え、体力や記憶力が低下した高齢者を雇うことにより、会社の生産性が低下する。だから、定年を設けることは会社の生産性を改善

to set a mandatory retirement age to improve their productivity.

するために重要である。

For these two reasons, I do not think that people should continue to work after retirement age.

この2つの理由から私は、人は定年後働き続けるべきではないと考える。

## エッセイ・ライティングのポイント

論点がずれているのではないか。
＜for the growth of the company＞
対象は「人」なのか「企業」なのか。

　このエッセイは、論点のズレが問題です。もう一度、トピックを見てみましょう。「人は定年後も働き続けるべきである」(People should continue to work after retirement age.) と、企業側ではなく「人」に焦点が当てられています。まず1つ目のポイント「失業率が増える」のサポート、「退職者に代わる若い従業員を雇うことは必要不可欠である」の「会社の成長のために」(for the growth of the companies) は余分です。ここは、「求職中の若者のため」(for young job seekers) の方がいいですね。でも特に問題なのは2つ目のポイントです。論点がずれているのがわかりますか？「会社の収益が悪くなる」(... makes business less profitable) は、論点が「企業は定年制を設けるべきか？」にすり替わっています。このエッセイで問われている"people"に焦点を当てて考えると、会社に定年制があっても個人で、または個人経営の所で働き続けることは可能です。さらに、「労働力の高齢化は生産性を下げるから定年を設けるべきだ」(set a mandatory retirement age) と、完全に別の論点に替わり、トピックからそれてしまっています。これは日常でもありがちな論理のすり替えです。

どこで話がすり替わったのか正直分かってない。

　これらの点を考慮してリライトすると次のようになります。

### 高得点ゲット！ Model Answerはこれだ！

　Nowadays as the population ages, many people are continuing to work even after retirement in developed countries like Japan. However, I do not agree with the idea for the following two reasons.

　**First,** working after the retirement age can lead to an increase in unemployment among young and middle-aged workers. Staying too long in their jobs means fewer job openings for younger generations. They will feel resentment at the elderly for limiting their employment opportunities.

　**Second,** working can be too stressful for the elderly to enjoy their remaining life. They deserve easy lives after long years of working. It is high time for them to enjoy what they could not do when working, such as travelling, engaging in their hobbies and spending a relaxing time with their families.

**In conclusion,** for these two reasons, an increase in unemployment and too much stress on the elderly, people should not continue to work after the retirement age.

表現力をUPしよう！

□ an increase in unemployment 失業の増加　□ job openings 就職口、求人
□ feel resentment at ～（に怒りを）覚える　□ remaining life 余生、残りの人生
□ deserve an easy life 楽な人生を送るに値する、送って当然である

［訳］今日人口の高齢化に伴い、日本のような先進国では定年後も働き続ける人が多くなってきているが、以下の２つの理由から私はこの考えには反対である。

第一に、定年後も働き続けることは若者や中年労働者の失業者数の増加につながる。彼らがいつまでも仕事を続けることで若い人たちの就職先が減る。彼らは自分達の職を制限している高齢者に対し、怒りを覚えるであろう。

第二に、定年後も働くことは高齢者にとってかなりのストレスなので、残りの人生を楽しめなくなる。彼らは長い年月働いてきたのだから、残りの人生は楽に過ごすべきである。まさに定年後は、現役時代にできなかった、旅行したり、趣味に没頭したり、家族とゆっくりくつろいだりと、楽しむための時間である。

結論として失業者数の増加と高齢者にとってストレスが大きすぎるという２つの理由から、人が定年後も働き続けることに私は反対である。

攻略アドバイス

反対意見は、時代の流れに逆行するので、あまり強いアーギュメントではありませんが、エッセイとしては成り立ちます。理由１は「若年層と中年層の失業率の増加」、理由２は「ストレスになって高齢者が余生を楽しめない」としましょう。また、トピックが「定年制を設けるべきか？」であれば、修正前のエッセイでも問題ありませんが、トピックから論点がそれると、かなり低い点数になる可能性があるので要注意！ 常にトピックと照らし合わせて論点がそれていないか気をつけましょう。

満点突破攻略法

# トピックから論点が
# それないように注意する！

# 02

## SNS は社会にとって有益か?

### ■ ワンポイントレクチャー

「ソーシャル・ネットワーキング・サービス (social networking services = SNSs) は社会にとって有益であるか?」は、メディア部門の重要トピックです。今日老若男女問わず (regardless of age and gender) 多くの人がフェイスブックやツイッターなどの SNS を利用しており、その影響力はどんどん大きくなってきています。主に人と人とのコミュニケーション (communication between people) を目的として使われますが、情報源として (as a source of information)テレビや新聞の代わりに利用する人もいるようです。また最近では、企業や政府機関 (companies and government bodies) などでも利用が進んでいます。このように人気上昇中の SNS ですが、はたして社会にとって有益なのでしょうか?

SNS のメリットとして挙げられるのは、密接な人間関係が築ける (build a close relationship among people) ことです。古い友人やあまり連絡をとらない知人ともネット上で繋がれます (stay in touch with friends they cannot see regularly)。またリアルタイムの情報をキャッチできる (get real-time information) というのも大きな魅力です。

一方で、弊害もあります。夢中になりすぎて (get addicted) 大切な時間を費やして (waste one's valuable time) しまったり、また個人情報を不用意にインターネット上で公開してしまい (carelessly share personal information on the Internet)、犯罪に巻き込まれる恐れ (the risk of crime) もあります。

これらを踏まえた上でエッセイトレーニングに取り組んでいきましょう!

---

問題 2

これ1Jweイ書く。

## Agree or disagree: Social networking services are good for society.

[訳] ソーシャル・ネットワーキング・サービスは社会にとって有益である、という意見に賛成か、反対か?

POINTS Communication / Information / Crime / Productivity

## → 賛成の意見 ［論理展開の悪い解答例］

These days, a growing number of people are using social networking services, or SNSs. Personally, I believe that SNSs are good for society for the following two reasons.

First, SNSs can develop relationships between people. They can communicate with their friends and family members whenever and wherever they want. Moreover, SNSs are a useful marketing tool that allows companies to communicate more easily with prospective customers.

Second, SNSs are convenient for spreading useful information. For example, they can be used to advertise products and services. In addition, they can be used to share the pictures of people's adorable pets or important events like wedding ceremonies.

In conclusion, I believe that social networking services are beneficial to society because they can enhance communication between people and are useful for spreading information.

［訳］最近ますます多くの人がSNSを使うようになってきている。個人的には以下の2つの理由から、SNSは社会にとって良いものだと思う。

第一に、SNSは人間関係を深める。いつでもどこでも好きなときに友達や家族とコミュニケーションをとることができる。さらにSNSは、企業が顧客と簡単にコミュニケーションをとることができる便利なマーケティングの道具でもある。

第二に、SNSは役に立つ情報を広めるのに便利である。例えば、SNSは製品やサービスを宣伝するのに使われている。また、かわいいペットや結婚式のような大切な記念日の写真も共有できる。

結論として、ソーシャル・ネットワーキング・サービスは、人間関係を深め、情報を広げるのに役に立つという点で社会にとって有益だと思う。

## ✏️ エッセイ・ライティングのポイント

　このエッセイは、ポイントに対するサポートがよくありません。

　1つ目のポイント「人間関係が深まる」(improve relationships between people) このサポートとして、「会社と顧客が簡単に連絡を取るのに便利なマーケティングの道具」(a useful marketing tool that allows companies to communicate easily with their customers) は全く関係がありません。

　また、2つ目のポイント「役に立つ情報を広めるのに便利」(convenient for spreading useful information) のサポートは、「製品やサービスの情報を宣伝する」(to advertise products and services) はいいとしても、「かわいいペットや結婚式のような大切な

記念日の写真を共有できる」(they can share pictures of their adorable pets or important events like wedding ceremonies.) はサポートになりません。あくまでも個人的な情報で「役に立つ情報」とは言えませんね。もっと一般の人々に役立つ情報、例えば「災害が起きたときの避難手順などの情報を共有できる」などにしましょう。

それではリライトしたエッセイを見てみましょう。

**高得点ゲット！** **Model Answer はこれだ！**

These days, a growing number of people are using social networking services, or SNSs. Personally, I believe that SNSs are good for our society for the following two reasons.

**First,** SNSs can improve human relationships by enhancing communication between people. They can help people stay in touch with friends they cannot see regularly. Moreover, SNSs can help shy or socially isolated people or senior citizens connect with other people.

**Second,** SNSs are convenient for spreading useful information. For example, when natural disasters like earthquakes occur, SNS users can share detailed information about the disasters and evacuation procedures. In addition, they can also be used to advertise products and services.

**In conclusion,** for these two reasons, improving human relationships and spreading useful information, I believe that social networking services are beneficial to society.

**表現力をUPしよう！**

□ human relationships 人間関係  □ enhance 強化する
□ stay in touch with ～と絶えず連絡を取り合う
□ socially isolated 社会的に孤立している  □ senior citizens 高齢者
□ evacuation procedures 避難手順

［訳］最近ますます多くの人が SNS を使うようになってきている。個人的には以下の 2 つの理由から、私は SNS は社会にとって良いものだと思う。

第一に、SNS は人と人とのコミュニケーションを強化することによって人間関係を深める。普段会えない友人と絶えず連絡を取り合ったりすることができる。また、内気な人や社会的に孤立している人、または高齢者が、他の人とつながりをもつ手助けをする。

第二に SNS は役に立つ情報を広めるのに便利である。例えば、地震のような自然災害が起こったとき、人々は災害や避難手順などの詳しい情報を共有できる。また、役立つ製品やサービスを宣伝するのにも使われている。

127

結論として、ソーシャル・ネットワーキング・サービスは、人間関係を深め、情報を広げるのに役に立つという2つの理由で社会にとって有益だと思う。

### 攻略アドバイス

　このように、ポイントと関係のないサポートが1文含まれることによって論理性が薄れ、そのパラグラフのまとまりが悪くなります。字数が足りないからといって、関係のない文を付け加えるのではなく、あくまでポイントに関連したサポートでまとめましょう。

　また、他のメリットとして、SNSs can expand or create business opportunities in the world.「SNSを通じて世界中でビジネスの機会を広げたり、また生み出すこともできる。」というポイントも挙げられます。

## 満点突破攻略法
# 関係のないサポートは
# 主張を弱めるので書かない！

以上が賛成意見です。それでは次に反対意見のエッセイを見てみましょう。

### → 反対の意見 [論理展開の悪い解答例]

These days, a growing number of people are using social networking services, or SNSs. However, I do not think that SNSs are good for society for the following two reasons.

First, social networking services can decrease productivity. For example, school children might not be able to concentrate on their school assignments. In addition, they often stay up late engaging in SNS, which can have a negative effect on their health.

[訳] 最近ますます多くの人がSNSを使うようになってきている。しかしながら、私は、以下の2つの理由から、SNSは社会にとって良くないものであると思う。

第一に、ソーシャル・ネットワーキング・サービスは生産性を下げる。例えば、学生は学校の宿題に集中できなくなる。さらにSNSに没頭して夜更かしすることもよくあり、健康に良くない。

Second, SNSs can undermine people's privacy. People are likely to share too much private information about their daily activities. This can increase the risk of being exposed to crimes.

In conclusion, I believe that social networking services do more harm than good because they can decrease productivity and undermine people's privacy.

第二に、SNSはプライバシーを損なう。人々は日常の行動などのあまりにも多くの個人の情報を共有しがちである。これによってユーザーは、犯罪の危険にさらされる可能性が増す。

結論として、ソーシャル・ネットワーキング・サービスは、生産性を下げ、人々のプライバシーを損なうので、良いというよりむしろ有害であると思う。

### 🖊 エッセイ・ライティングのポイント

　これはいかがですか。1つ目のポイントはサポートと論理的にマッチしていますか。「SNSは生産性を低下させる」(social networking services can decrease productivity) のサポートとして、「学業に集中できない」は、一見良さそうですが、decrease productivity は普通、仕事に使う言葉で学業とはあまりマッチしません。学業だと decrease academic development です。また「夜更かしして不健康である」は productivity と関係ありませんね。

　2つ目のポイント「プライバシーを損なう」(undermine people's privacy) は、悪くはありませんが、「セキュリティを損なう」(undermine people's security) に変えたほうが、「人々は多くの個人の情報を共有しがち」で「犯罪の危険にさらされる可能性が増す」(This can increase the risk of being exposed to crimes) というサポートに、よりマッチするでしょう。

　それでは2つのポイント部分をリライトしたエッセイを見てみましょう。

---

**高得点ゲット！** **Model Answer はこれだ！**

These days, a growing number of people are using social networking services, or SNSs. However, I do not think that SNSs are good for society for the following two reasons.

**First,** SNSs can decrease productivity and academic development. They can distract workers from becoming productive at work. Also, they have negative effects especially on school children, preventing them from concentrating on their assignments.

**Second,** SNSs can undermine people's security by disclosing their

129

private lives. People are likely to share too much personal data and information about their daily activities. This will expose SNS users to the risk of crime, such as fraud and identify theft.

**In conclusion,** for these two reasons, decreasing productivity and academic development and undermining people's security, I believe that social networking services do more harm than good.

---

表現力をUPしよう！

- □ decrease productivity and academic development 生産性と学力の向上性を下げる
- □ distract someone from 〜ing （気を散らして）人を〜に集中できなくさせる
- □ undermine people's security 人々の安全を危険にさらす
- □ expose someone to the risk of 〜 人を〜の危険にさらす
- □ fraud and identity theft 詐欺やなりすまし犯罪

---

[訳] 最近ますます多くの人が SNS を使うようになってきている。しかし個人的には、以下の 2 つの理由から、SNS は社会にとっては良くないと思う。

第一に、ソーシャル・ネットワーキング・サービスは生産性と学力の向上性を損なう。SNS により、気が散って職場での生産性が下がることがある。また特に学生は学業に専念できなくなるなどの悪影響を受ける。

第二に、SNS は私生活を暴露することで人々の安全を危険にさらす。人はあまりにも多くの個人情報や日々の活動などを共有しがちだ。これにより SNS のユーザーは、詐欺や身元詐称などの犯罪の危険にさらされることになる。

結論として、ソーシャル・ネットワーキング・サービスは、生産性と学力が落ちることと安全を脅かすという 2 つの理由で、むしろ害であると私は信じる。

### 攻略アドバイス

　　ポイントを含むパラグラフの第 1 文は非常に重要で、そのパラグラフの内容を明確に表していなければなりません。第 1 文を読んだだけで、そのパラグラフの内容がはっきりわかり、サポート部分で膨らませてより詳しく説明しているのが、論理的で良いエッセイと言えます。

満点突破攻略法

# ポイントはサポート部分の 要約となるように！

# 03 パートタイム雇用は社会に悪影響を及ぼしているか?

## ■ ワンポイントレクチャー

パートタイム労働者(part-time workers)とは「正社員よりも短い労働時間で働く労働者」を表す言葉でアルバイトや契約社員、嘱託社員なども含まれます。日本ではこういった非正規雇用(non-regular employment)の比率は現在約40%を占めています。その原因として女性の社会進出(women's participation in the workforce)、高齢労働者が増えた(an increase in the number of older workers)ことなども挙げられますが、特に若者の非正規雇用が問題となっています。近年緩やかな減少傾向にあるものの、正社員になりたくてもなれない「不本意非正規」(involuntary non-regular employees)の割合は若年層が最も高いというのが現状です。この傾向は日本の社会に悪い影響を及ぼすのでしょうか。

パートタイム雇用のメリットとして挙げられるのは、ライフスタイルに合わせて(fit one's lifestyle)無理なく働くことができるので、家庭を持つ女性(women with their own family)や高齢者にとっては都合がよく失業率改善につながります。また人件費削減(reduction of labor costs)や雇用調整(labor adjustment)など企業にとって利点があります。一方で、収入が低い(a lower income)、福利厚生がほとんどない(few benefits)、職が安定しない(no job security)などから、可処分所得(disposable income)が少ないので国内消費を弱め(decrease domestic consumption)ます。また子育てをするにも経済的に苦しいので少子化が一層進んで(worsen the declining birthrate)しまいます。

以上のことを踏まえてエッセイトレーニングに取り組みましょう!

### 問題 3

Will the trend toward part-time employment negatively affect Japanese society?

[訳] パートタイム雇用の傾向は、日本の社会に悪影響を及ぼしているか?

POINTS Economy / Declining birthrates / Employment / Efficiency

## → 賛成の意見 ［論理展開の悪い解答例］

Recently Japanese companies have been hiring more part-time workers. However, I think that the trend toward part-time employment will negatively affect Japanese society for the following two reasons.

First, the continuing trend toward part-time employment will weaken the economy due to less consumer spending. For example, wages of part-time workers are lower than regular workers', which are just enough to cover living expenses. Such a decline in consumer spending will negatively affect the Japanese economy.

Second, the trend toward part-time employment can lead to a decline in birthrates. Because of the lower wages, the number of dual income couples will increase. Still, their income may not be enough for them to have children because of high rent and living expenses.

For these two reasons, I believe that part-time employment will have negative effects on Japanese society.

［訳］近年、日本ではパートタイム労働者の数が増えている。しかしこのパートタイム雇用の傾向は、日本の社会に悪影響を及ぼしていると、以下の２つの理由から私は思う。

第一に、パートタイム雇用の傾向により個人消費が減少し、そのために経済が弱体化するだろう。例えば、パート社員の賃金は正規社員の賃金より低く、それは生活費をかろうじて賄えるだけである。そのような消費の低下は、日本の経済に悪影響を及ぼすであろう。

第二に、パートタイム雇用の傾向は出生率の低下につながる。低賃金のために共働き夫婦の数が増える。それでも、高い家賃や生活費のために彼らの収入は子供を持てるほど十分ではない。

これらの２つの理由により、パートタイム雇用は日本の社会に悪影響を及ぼすと私は信じる。

## ✎ エッセイ・ライティングのポイント

このエッセイは、特に２つ目のポイントのサポート部分に問題があります。

ポイント１の「経済を弱体化させる」（weaken the economy due to less consumer spending.）のサポート「賃金が安くて辛うじて生活費を賄えるだけ」は合ってはいますが、少し弱いですね。職が安定していないのでローンも組めず、家や車などの大きな買い物ができないなど、具体的な強い例を挙げるとより説得力が増します。

ポイント２「少子化の原因となる」（lead to a decline in birthrates）のサポート「共働き夫婦が増える」はサポートになっていません。しかも「共働きでもまだ高い家賃や生活費のため、彼らの収入は子供を持つには十分ではない」（Still, their incomes may not be

132

enough for them have children because of high rent and living expenses.）と、共働き夫婦から少子化へと無理やりにつなげており、論理的におかしいことがわかりますか。子供を持つと生活費も今まで以上にかかるので、「職が安定していない状態では子供を持つ気持ちになれない」（the absence of stable jobs will discourage them from having children）という理由が抜けています。

このようにより強く、論理的なサポートでリライトすると、次のようになります。

## 高得点ゲット！ Model Answer はこれだ！

Recently, Japanese companies have been hiring more non-regular workers. However, I think that the trend toward part-time employment will negatively affect Japanese society for the following two reasons.

**First,** it will weaken the economy through a decline in consumer spending. For example, part-time workers generally receive lower pay, fewer benefits with no job security. Therefore, they cannot get large enough loans to make big purchases like houses and cars.

**Second,** an increase in the number of part-timers can lead to a further decline in birthrates. The absence of stable jobs will prevent people from getting married due to financial difficulty and discourage them from having children for fear of higher costs of living. This trend will worsen the aging of Japanese society and the declining birthrate.

**In conclusion,** for these two reasons, weakening the economy and leading to declining birthrates, I believe that part-time employment will have negative effects on Japanese society.

### 表現力をUPしよう！

- □ consumer spending 個人消費　□ benefits 福利厚生、給付
- □ get a loan [mortgage] ローンを組む
- □ make big purchases 高額な買い物をする　□ decline in birthrates 少子化
- □ the absence of stable jobs 安定した職がない

[訳] 近年、日本ではパートタイム労働者の数が増えている。しかし個人的には、このパートタイム雇用の傾向は日本の社会に悪い影響を及ぼすと、以下の2つの理由から私は考える。

第一に、個人消費の減少によって、経済が弱体化するだろう。例えばパート社員は一般的に賃金が低く、福利厚生もほとんどなくて職が安定しない。だからローンも組めず、家や車などの大きな買い物ができない。

第二に、パートタイム労働者の数が増えることは出生率の低下につながる。安定した職がないことはお金の不安から人々の結婚の妨げになり、生活費の上昇を恐れて子供を持つ気持ちになれない。

133

この傾向により日本の少子高齢化はさらに悪化するであろう。

結論として、経済が弱体化して少子化が進むという理由により、パートタイム雇用は日本の社会に悪い影響を与えると私は信じる。

## 攻略アドバイス

　サポート部分は、読み手を「なるほど!」と納得させるためにとても重要です。強い例を考えましょう。また、論理的なアーギュメントをするためにはポイントの主張の理由を明確に述べて、さらに実例でわかりやすく説明することが必要です。日本人にありがちな「言わなくてもわかるだろう」的な発想は英語では禁物です。論理的にわかりやすく説明することを常に心がけましょう。

## 満点突破攻略法
# ポイントに沿った
# 強いサポートで論理的に!

以上が賛成意見です。それでは次に反対意見のエッセイを見てみましょう。

### → 反対の意見 [論理展開の悪い解答例]

Recently, the number of part-time workers has been increasing in Japan. Personally, I do not think that this trend will negatively affect Japanese society for the following two reasons.

First, the trend toward part-time employment contributes to a decline in unemployment and the well-being of family members. People can easily get jobs as well as spend more time with their family members. Especially for the dual income families with children, it is important for parents to spend more time with their children.

Second, part-time employment can help

[訳] 近年、日本では非正規労働者の数が増えている。個人的に私は、以下の2つの理由から、この傾向が日本の社会に悪い影響を及ぼすとは思わない。

第一に、非正規雇用は、失業率の低下と家族の幸せに貢献する。人々は簡単に職に就くことができ、しかも家族と過ごす時間を長く取れる。特に子供のいる共働きの家庭にとっては、両親が子供といる時間が増えることは重要である。

第二に、非正規雇用により、人々

workers live more enjoyable lives. They can work more efficiently by managing their time because they have fewer responsibilities at work. Therefore, <u>they have enough time to do their hobbies or try out new things. For example, they can take long vacations to travel abroad.</u>

For these two reasons, I believe that the trend toward part-time employment positively affects Japanese society

はより人生を楽しむことができる。彼らは仕事の責任があまりないので、自分の時間を上手く使って効率よく働くことができる。だから自分たちの趣味や新しいことに挑戦するための十分な時間が持てる。例えば、長期休暇をとって海外旅行もできる。

この2つの理由によって、非正規雇用は日本の社会に良い影響を与えると私は信じる。

## ✏ エッセイ・ライティングのポイント

　1つ目のポイントの前半部分 (contributes to a decline in unemployment) はいいとしても、後半の「そして家族の幸せに貢献」(and the well-being of family members) というは、「日本の社会に悪い影響を及ぼすか?」というトピックのアンサーとしては視野が狭く、しかもサポートが「共働きで子供のいる家族の幸せ」と特定しすぎです。もっと社会全体に焦点を当てて、ポイントは「就業率の向上に貢献する」(contribute to a decrease in unemployment rate) とし、「人々が貧困に陥るのを防ぐ」や「子供を持っても母親は仕事を続けることができる」というサポートにするとよいでしょう。

　2つ目のポイント「より人生を楽しむことができる」(workers live more enjoyable lives) はさらに一部の人に特定され、しかもこれではフリーターが増えてしまい、とても社会に良い影響を与えているとは思えません。会社側にとって人件費削減になるので、「会社経営が効率的になる」(help company management become more efficient) というポイントで考えるべきでしょう。

　これらを踏まえてリライトしたエッセイを見てみましょう。

## 高得点ゲット！ Model Answer はこれだ！

　Recently, the number of part-time workers has been increasing in Japan. Personally, I do not think that this trend will negatively affect Japanese society for the following two reasons.

　**First,** the trend toward part-time employment will contribute to an increase in employment. It will give job opportunities to more people, which prevents them from falling into poverty. Moreover, flexible part-time employment allows working mothers to keep their jobs by managing both work and family.

**Second,** part-time employment helps make company management become more efficient. It can reduce labor costs, since companies do not have to pay for benefits that regular employees receive such as medical insurance. Companies can invest the money saved into research and development to increase their productivity.

**In conclusion,** for these two reasons, a decrease in unemployment and the efficiency of company management, I believe that the trend toward part-time employment will positively affect Japanese society.

---

**表現力をUPしよう！**

- □ **extreme poverty** 極貧　□ **company management** 会社経営
- □ **medical insurance** 医療保険　□ **the money saved** その分の（節約した）お金
- □ **research and development** 研究開発

---

[訳] 近年、日本では非正規労働者の数が増えている。個人的に私は、以下の2つの理由から、この傾向は日本の社会に悪い影響を及ぼすことはないと思う。

第一に、非正規雇用の傾向は雇用促進に貢献する。それはより多くの人々に雇用の機会を与え貧困に陥るのを防ぐ。さらにパートタイム雇用は、融通がきくため仕事と家庭を両立させることができ、子供を持つ母親でも仕事を続けることができる。

第二に、非正規雇用により、会社経営がより効率的になる。会社は正社員に必要な医療保険など福利厚生にかかるコストを抑えることができ、その分のお金を研究開発に投資して会社の生産性を上げることができる。

結論として、失業率の低下と会社経営の効率化という2つの点で、非正規雇用は日本の社会に良い影響を与えると私は信じる。

### 攻略アドバイス

まずトピックを正確に理解しましょう。社会全体のことを問われているのか、個人のことなのか？ ここでは日本の社会への影響なので、一部の個人にとってしか通用しないアーギュメントは成り立ちません。英検の問題は概して社会への影響が問われることが多いので、社会の動きは常にニュースや新聞などでチェックしましょう。

満点突破攻略法

# 視野を広げて社会全体を考えた
# ポイントを述べる！

# 04

## 広告は社会にとって有益か？

### ■ ワンポイントレクチャー

「広告は社会にとって有益であるか？（Is advertising beneficial to society?）」は
メディア分野で最重要トピックのひとつで二次の面接試験でも扱われます。

広告は日常生活の中に深く浸透して（widespread in everyday life）、消費者に
影響を与えています。テレビや新聞、インターネットなどを通じて、インパクトのある面
白い言葉やキャッチフレーズを使って人々の心理的要求に訴えるように工夫されていま
す（designed to appeal to people's psychological needs）。その中には流行語
（trendy words）になったり日常的に使われているものもあり、もはや単に消費行動を
促す（stimulate consumer activities）ためだけのものではなく社会全体に影響を与
えています（have an impact on the entire society）。その影響は社会にとって有益
なのでしょうか。

広告のメリットとして挙げられる点は、消費を増大させることによって会社が儲かる
（make profits）だけではなく経済全体を活性化（stimulate the entire economy）
させることです。大量消費（mass consumption）で商品価格が下がり消費者にも利
益をもたらします。また、新製品や消費者にとって便利な情報（useful information）
を与え、生活の質の向上（improvement of the quality of life）にもつながります。
一方で、誤解を招くような情報を提供したり（distribute misleading information）
衝動買いを促したりして（increase impulse purchase）、消費者に質の悪いものや不
必要な物を買わせてしまうということもあります。

ではこれらを踏まえた上でエッセイトレーニングに取り組んでいきましょう！

---

問題4

Is advertising beneficial to society?

[訳] 広告は社会にとって有益であるか？

POINTS Economy / Quality of life / False information /
Waste of money

---

137

## → 賛成の意見 [論理展開の悪い解答例]

These days, you can find advertisements everywhere. Personally, I think that advertising is beneficial to society for the following two reasons.

First, advertising contributes to the economic development. As it provides consumers with information about various products and services, they can choose the right ones for them. This can encourage consumer spending, which can lead to economic development of the country.

Second, advertising can improve the quality of people's lives. It encourages consumer spending, increasing companies' sales and production. This will help generate employment opportunities, which will improve the standard of living of people.

In conclusion, I believe that advertising is good for society because of the economic development and the improvement of the quality of people's lives.

[訳] 今日、広告は至る所で見られる。個人的に私は、広告は社会にとって有益だと、以下の2つの理由から思う。

第一に、広告は経済の発展に貢献している。消費者にいろいろな製品やサービスについての情報を提供することができるので、消費者は正しい製品を選ぶことができる。このことが個人消費をより促し、それがその国の経済の発展につながるのである。

第二に、広告によって人々の生活の質が良くなる。広告により個人消費が促され、会社の売り上げや生産が伸びる。これによって雇用の機会が生まれて、人々の生活水準が高くなるからである。

結論として、経済が発展して人々の生活の質が良くなるという理由で、広告は社会にとって良いものだと私は信じる。

## ✎ エッセイ・ライティングのポイント

　このエッセイは、ポイントは2つとも良いのですが、それぞれのサポートが良くありません。1つ目のポイント「広告は経済の発展に貢献する」(contributes to the economic development) のサポートが、「消費者にさまざまな製品やサービスの情報を与えるので消費者は正しい製品を選ぶことができる」(As it provides consumers with information about various products and services, they can choose the right ones for them)。そしてそれによって「個人消費が促され、その国の経済の発展につながる」と、かなり強引に持ってきていますね。また、2つ目のポイント「広告によって人々の生活の質が良くなる」(improve the quality of people's lives) のサポートは、「広告により個人消費が促され」(It encourages consumer spending) と、1つ目と同じサポートで始まり、

138

「会社の売り上げや生産が伸びる」（increasing companies' sales and production）ので「雇用の機会が生まれて、人々の生活水準が高くなる」と、これまた強引ですね。こんなに苦しまなくても、1つ目と2つ目のサポートを入れ替えれば、このエッセイは論理的になります。

　それではそれぞれのサポートを入れ替えてリライトしたエッセイを見てみましょう。

## 高得点ゲット！ Model Answer はこれだ！

　These days, you can find advertisements everywhere. Personally, I think that advertising is beneficial to society for the following two reasons.

　**First,** advertising contributes to the economic development of the country. It can encourage people to buy more products of the companies. The rising consumption now can increase the companies' sales and production. Moreover, advertising can also create new markets in many parts of the world through the Internet or satellite media.

　**Second,** advertising can enhance the quality of people's lives. It provides necessary information about products so that consumers can make better judgment after carefully evaluating the options. In addition, advertisements educate people about the latest trends, making them familiar with new products and their various uses.

　**In conclusion,** for these two reasons, the contribution to the development of the economy and the improvement of quality of life, I believe that advertising is good for society.

### 表現力をUPしよう！

□ satellite media 衛星メディア　□ enhance the quality of life 生活の質を高める
□ evaluate the options 選択肢を評価する　□ familiar with 〜 〜に詳しくなる

[訳] 今日、広告は至る所で見られる。個人的に私は、広告は社会にとって有益だと、以下の2つの理由から思う。
　　第一に、広告は国の経済発展に貢献している。広告によって消費者はその企業が作るより多くの製品を買うように促される。個人消費の増加に伴って会社の売り上げと生産が伸びる。今日では、インターネットや衛星メディアを利用した広告により、世界中に新しい市場を作ることも可能である。
　　第二に、広告により人々の生活の質がより高くなる。商品について必要な情報が供給されるので、消費者は注意深く選択肢を評価して、より適切に判断することができる。さらに広告によって人々は最新の動向がわかり、新しい製品やその様々な使い方にも詳しくなる。

結論として、経済が発展して生活の質の向上に貢献するという2つの理由で、広告は社会にとって良いものだと私は信じる。

## 攻略アドバイス

　どうですか？　入れ替えると、1つ目のポイントは、「広告は国の経済発展に貢献している」。なぜなら、「個人消費の増加にともなって会社の売り上げと生産が伸び、雇用機会増え、新しい市場を世界中に作る」からです。2つ目のポイントは「生活の質がより高くなる」。なぜなら、「広告の情報により、消費者は適切に判断して製品を選ぶことができ、最新の動向もわかり製品に詳しくなる」と論理的ですね。また、2つ目のポイントの「生活の質がより高くなる」(enhance the quality of people's lives) のサポートとして、製品の選択肢や最新の動向などの情報を与えるだけでなく、人々を楽しませる「テレビ番組やスポーツイベントなど、娯楽の資金になる」(advertisement finances entertainment such as TV programs and sports events) も「生活の質を上げる」ことの強いサポートになります。

## 満点突破攻略法

# ポイントとサポートが論理的に match しているか確認せよ！

それでは次に反対意見のエッセイを見てみましょう。

### → 反対の意見 [論理展開の悪い解答例]

These days, you can find advertisements everywhere. Although there are some advantages, I do not think that advertising is beneficial to society for the following two reasons.

[訳] 今日、広告は至る所で見られる。長所はいくつかあるものの、広告は社会にとって有益ではないと、以下の2つの理由から、私は思う。

First, advertising can mislead consumers by giving them false information. As a result, they spend money on unnecessary

第一に、広告は誤った情報で消費者を惑わす。その結果、彼らは不必要な商品にお金を使って無駄遣

items, which is just a waste of money. For example, people often buy expensive items on impulse only to find that they can never use them.

Second, advertising can decrease the quality of people's lives. It can make people spend too much money by attracting their attention. Some people may end up suffering from heavy debts after buying a lot of expensive items.

For these two reasons, I believe that advertising does more harm than good to society.

いとなる。例えば、人は高価な商品を衝動買いした後で全くそれが使わないものだと気づくことがよくある。

第二に、広告のために人は生活の質を落としてしまうことがある。人々は広告に魅了されてつい多くのお金を使ってしまう。過度に高額商品を買ってしまった結果、多額の借金に苦しむ人もいるだろう。

この2つの理由により、広告は社会にとって、利益以上に害をもたらすと思う。

### 🖊 エッセイ・ライティングのポイント

　このエッセイは、どうでしょう？　まず構成が良くありませんね。第2パラグラフの理由1の中に、2つのポイントがあります。「消費者を惑わす」（mislead consumers）と「お金の無駄遣い」（a waste of money）です。これは2つのポイントとしてパラグラフを分けるべきでしょう。さらに理由2の「広告のために生活の質が下がる」（decrease the quality of life）は特別なケースなので、ポイントにはなりません。広告にだまされて借金地獄に陥るほど買い物をする人がそれほど多くいるでしょうか？

　これらの点を考慮してリライトすると次のようになります。

### 高得点ゲット！ Model Answer はこれだ！

　These days, you can find advertisements everywhere. Although they have some advantages, I do not think that advertising is beneficial to society for the following two reasons.

　**First,** advertising can mislead consumers by giving them false information. It negatively affects their purchase decisions, since some companies are dishonest in the way they promote their products or services. For example, their advertisements often give consumers unrealistic expectations or encourage them to buy poor quality products.

　**Second,** advertising encourages wasteful spending. It attracts

141

people's attention and stimulates their desire for consumption. For example, some brand name items can make people want to buy on impulse, which can lead them into heavy debts as a result of excessive spending.

**In conclusion,** for these two reasons, misleading consumers and encouraging wasteful spending, I think that advertising does more harm than good to society.

---

表現力をUPしよう！

- □ mislead consumers 消費者を誤解させる、だます
- □ purchase decisions 購入決定
- □ give 〜 unrealistic expectations 〜に非現実的な期待を抱かせる
- □ brand name items ブランド品　□ buy on impulse 衝動買いをする
- □ wasteful spending 無駄な出費、無駄遣い

---

［訳］今日、広告は至る所で見られる。広告の長所はいくつかあるものの、社会にとって短所のほうが多いと、私は以下の2つの理由から思う。

第一に、広告は誤った情報で消費者を惑わせて彼らの購入決定に悪影響を与える。会社によっては商品やサービスを不正直なやり方で宣伝することもある。例えば、広告によって消費者に非現実的な期待を抱かせたり、あまり質の良くない商品を買うように勧めることがよくある。

第二に、宣伝は無駄遣いを促す。人々の注意をひきつけて消費願望を刺激する。例えば、ブランド品につられてつい衝動買いをしたくなり、過度の支出の結果多額の借金を抱え込むこともある。

この、消費者を惑わせ、無駄遣いを促すという2つの理由により、広告は社会にとって、利益以上に害をもたらすと私は思う。

### 攻略アドバイス

「1パラグラフに1ポイント！」の基本は忘れないでください。またサポートに困ったら、極端な特例で補うのもアーギュメントを強くするのに役立つ場合もあります。しかし特例はあくまでサポートとしての一例にすぎません。ポイントにするのは避けましょう。

満点突破攻略法

# ポイントは一般論を、
# 特例はサポートに！

# 05

## 世界遺産は増え続けるべきか？

### ■ ワンポイントレクチャー

　世界遺産（World Heritage site）とは、世界遺産リストに登録された、遺跡、景観、自然など、人類が共有すべき「顕著な普遍的価値」（significantly universal value）を持つ建物や自然のことで、日本では 1993 年に 2 件の文化遺産、2 件の自然遺産が初めて記載されて以来、現在（2018 年 4 月）までに文化遺産 17 件自然遺産 4 件の計 21 件が認定されました。特に 2013 年の「富士山」以来、毎年 1 件ずつ世界遺産リストに加えられています。今後も候補になっている物件は多くこれからも増え続ける傾向にありますが、これ以上世界遺産を増やすべきなのでしょうか？

　世界遺産に認定される（registered as a World Heritage site）ことのメリットとして挙げられるのは、自分たちの国または地域に重要な遺産があることを人々に気付かせることで、保存の重要性に対する意識が高められます（raise people's awareness about the importance of preserving those sites）。

　また、認定されることで世界の注目を集めて（attract global attention）観光業が促進され、その国の経済の活性化に役立つというのも大きな利点です。一方で、世界の注目を集めるということがマイナスに働くと、人が集まることでその地域の自然環境が破壊されたり（destroy natural environment）、破壊行為（vandalism）やテロなどのターゲットになって（become a target of terrorism）、認定されることで逆に遺産そのものが損なわれる可能性も出てきます。

---

**問題 5**

> Agree or disagree: More places should be recognized as World Heritage sites to preserve them?
>
> [訳] 保存のため世界遺産に認定される場所を増やすべき、という意見に賛成か、反対か？
>
> **POINTS** Tourism / Education / Environment / Terrorist

#### → 賛成の意見 [論理展開の悪い解答例]

Recently, an increasing number of places has been recognized as World Heritage sites. I think that this trend should continue for the following two reasons.

[訳] 近年、世界遺産として認定される場所が増えてきています。個人的には以下の 2 つの理由から、この傾向は続くべきだと思う。

143

First, the recognition of World Heritage sites can educate people on the importance of the sites. They will become aware of the importance of preserving them and want to learn more about the sites. Heritage sites are so unique that they cannot be replicate once they are lost.

Second, the recognition of World Heritage sites can help people learn about the history of the place. For example, school children often go to such famous historical sites for their school trips. They should be preserved for future generation of students.

For these two reasons, I believe that more places should be recognized as World Heritage sites to preserve them.

第一に、世界遺産として認定されることにより、人々はその場所の大切さを学ぶ。その遺産を保存することの重要性に気づき、それについてもっと知りたいと思うようになる。そのような世界遺産は唯一無二のもので、いったん失うと二度と再生できない。

第二に、世界遺産の認定は、人々がその場所の歴史について学ぶのに役立つ。例えば、子供達の修学旅行先として、そのような歴史的名所がよく選ばれる。それらは次世代の学生たちのために、保存されるべきである。

これらの2つの理由から、より多くの場所が世界遺産として保存されるべきだと私は思う。

### ✏ エッセイ・ライティングのポイント

　このエッセイが良くない理由がわかりますか？ 1つ目のポイントは、「人々はその場所の大切さを学ぶ」(educate people on the importance of the sites)。2つ目のポイントも、「人々はその場所の歴史を学ぶのに役立つ」と、どちらも「education」がポイントになっています。つまり、内容がオーバーラップしており、これはよく見られる間違いです。「歴史を学ぶのに役立つ」を、1つ目のポイント「その場所の大切さを学ぶ」のサポートとして述べ、もうひとつのポイントを「education」とは異なるカテゴリーの、「tourism」を使ってリライトすると次のようになります。

## 高得点ゲット！ Model Answer はこれだ！

　Recently, an increasing number of places have been recognized as World Heritage sites. Personally, I think that this trend should be maintained for the following two reasons.

　**First,** the recognition of World Heritage sites can educate people on the importance of preserving them. It makes people appreciate the sites and become curious about them. Heritage sites are so unique that they cannot be reproduced once they are lost. Therefore, they should be preserved for future generations.

**Second,** the preservation of World Heritage sites can promote tourism, boosting the country's economy. The number of tourists is likely to increase, since the sites can attract people from all over the world. Moreover, it can create more job opportunities from tourism activities and other related industries.

**In conclusion,** for these two reasons, education of people and promotion of tourism, I believe that more places should be recognized as World Heritage sites to preserve them.

---

**表現力をUPしよう！**

□ the importance of 〜 〜の重要性　□ reproduce 再生する
□ future generations 次世代の人々　□ promote tourism 観光事業を促進する
□ boost the economy 経済を活性化する

---

［訳］近年、世界遺産として認定される場所が増えてきています。個人的には以下の2つの理由から、この傾向は維持されるべきだと思う。

第一に、世界遺産として認定されることにより、人々はそれらを保存することの重要性を学ぶ。人々はその場所のありがたさに気づき、興味を持つようになる。そのような世界遺産は独特で、いったん失うと二度と再生できない。だから次世代のために保存するべきである。

第二に、世界遺産として保護されることで、観光業が促進されてその国の経済が活性化する。その場所は世界中の人々を魅了するので観光客の数が増えるであろう。さらに、観光やそれに関する他の産業の雇用機会も生み出される。

人々を学ばせて観光業を促進するという2つの理由から、より多くの場所が世界遺産として保存されるべきだと私は思う。

### 攻略アドバイス

　1つ目のポイントと2つ目のポイントの重複を避けるためには、異なった角度から物事を観て、違うカテゴリーで意見を展開することが重要です。この場合は「人々を学ばせる」「観光業を促進する」ことです。普段から違った視点で考える訓練をするよう心がけましょう。

---

### 満点突破攻略法

# １つのパラグラフには１つのポイントを
# ２つのポイントは別のパラグラフにする！

それでは次に反対意見のエッセイを見てみましょう。

## → 反対の意見 [論理展開の悪い解答例]

Recently, an increasing number of places have been recognized as World Heritage sites. Although some people say that more places should be listed to preserve them, personally, I do not agree with this idea for the following two reasons.

First, the recognition of World Heritage sites can be harmful to the environment. For example, some areas are damaged due to littering or graffiti, and some even experience destruction or theft by bad mannered tourists visiting there. Such actions can destroy the beauty of nature.

Second, places listed as World Heritage sites can become a target of terrorists. This can attract extremist groups who may attack something valuable to the country. For example, some World Heritage sites in Syria were destroyed through continuing political turbulence.

For these two reasons, I do not think that more places should be recognized as World Heritage sites.

[訳] 近年、世界遺産として認定される場所が増えてきています。より多くの場所が世界遺産リストに登録されるべきだという人もいるが、個人的には以下の理由から、この意見には反対である。

第一に、世界遺産に認定されることで自然環境が損なわれる。例えば、ゴミのポイ捨てや落書きなどでダメージを受けたり、マナーの悪い観光客によって破壊や盗難が起こることさえある。そのような行為によって自然の美しさが損なわれる。

第二に、世界遺産に登録されることで、テロに狙われやすくなる。その国にとって貴重なものを破壊しようと企んでいる過激派グループの注意をひつける。例えば、政治的混乱が続くシリアでは多くの世界遺産が壊されてしまった。

この2つの理由から、これ以上の場所は世界遺産に登録されるべきではないと、私は思う。

## ✏️ エッセイ・ライティングのポイント

　このエッセイは、一見論理的であるようですが、ポイントに対するサポートに問題があります。まず1つ目のポイント「環境を汚染する」（harmful to the environment）のサポート「ごみのポイ捨てや落書き」（due to littering or graffiti）ですが、ポイ捨ては「環境汚染」ですが、落書きは正確には「公共物破壊」（vandalism）です。さらに「無作法な観光客による破壊や盗難」（destruction or theft by bad mannered tourists）と、話がどんどん環境汚染から遠のいていきます。また、2つ目のポイントの「テロのターゲットになり

146

やすい」（a target of terrorists）のサポートもまた、「vandalism」のサポートになっています。

　このような点を踏まえてエッセイをリライトすると、2 つ目のポイントが、「vandalism」と「the target of terrorists」の 2 通り考えられますが、「vandalism」のほうが可能性としては高く、シリアの例も挙げられます。それでは 2 つ目のポイントを変えたエッセイを見てみましょう。

---

**高得点ゲット！** **Model Answer** はこれだ！

　These days an increasing number of places have been recognized as World Heritage sites. However, I do not think that this trend should be maintained for the following two reasons.

　**First,** the recognition of World Heritage sites can be harmful to the environment. For example, some areas are damaged by littering by many tourists visiting there. The construction of hotels or sightseeing facilities can also destroy the beauty of nature.

　**Second,** the registration as World Heritage sites can expose them to vandalism. For example, some World Heritage sites in Syria were destroyed by continuing political turbulence. The value of these heritage sites to the country makes them an easy target for extremist groups.

　**In conclusion,** for these two reasons, damage to the environment and exposure to vandalism, I do not think that more places should be recognized as World Heritage sites.

---

**表現力をUPしよう！**

□ littering ゴミのポイ捨て　□ sightseeing facilities 観光施設
□ registration as World Heritage sites 世界遺産として登録されること
□ vandalism 破壊行為　□ political turbulence 政治的混乱
□ extremist groups 過激派組織

---

[訳] 近年、世界遺産として認定される場所が増えてきています。しかしながら、以下の 2 つの理由から、この傾向は維持されるべきではないと思う。
　第一に、世界遺産として認定されることで、周辺の環境が損なわれる。例えば、そこに訪れるたくさんの観光客によるゴミのポイ捨てで損なわれる場所もある。またホテルや観光施設の建設によって自然の美しさが破壊されることもある。
　第二に、世界遺産に登録されることで、破壊行為の危険にさらされる可能性が増す。例えば、シリア

147

の世界遺産は、政治的混乱が続いているために、壊されてしまった。その国にとって価値のある遺産は、過激派のターゲットとして狙われやすくなる。

この環境が損なわれて破壊行為の危険にさらされるという2つの理由から、これ以上多くの場所が世界遺産として登録されるべきではない、と私は思う。

### 攻略アドバイス

書いているうちに、サポートがポイントから外れていかないように気をつけましょう。常にポイントに適切なサポートであるかを考えて、別のポイントのサポートになっていると気がついたときはポイントそのものを変えましょう。

ここでは、2つ目のポイントを「a target of terrorists」から「vandalism」に変えましたが、テロリストをポイントにすると2つ目のポイントの段落は次のようになります。

## Model Answer 2

Second, the registration as World Heritage sites can increase the risk of being targeted by terrorists. One of the terrorists' objectives is to kill many people and instill fear into the masses. Heritage sites visited by a lot of people can be an easy target for them to accomplish their goals.

### 表現力をUPしよう!

- □ instill fear into the masses 大衆に恐怖を吹き込む
- □ accomplish their goal 目的を達成する

［訳］第二に、世界遺産として登録されるとテロの標的になる危険性が高まる。テロリストの目的は、多くの人を殺し大衆に恐怖を植え付けることである。多くの人が訪れる世界遺産は、彼らの目的を達成する格好の標的になる。

満点突破攻略法
# すべてのサポートが
# ポイントから外れない！

## 06 　政府の公共サービス改善のために 増税するという考えに賛成か、反対か?

### ◢ ワンポイントレクチャー

「政府は公共サービス（public services）を改善するため税金を上げるべきか?」または「国民は増税（tax increase）を受け入れることができるか?」は最重要トピックのひとつで二次の面接試験でも出題されます。

税金の徴収方法には所得税（income tax）や相続税（inheritance tax）などの直接税（direct tax）と、消費税（consumption tax）などの間接税（indirect tax）がありますが、特に消費税の増税が問題となりニュースでもよく取り上げられています。高齢化で増え続ける医療、介護などにかかる社会保障費（social welfare costs）や、待機児童問題（problem of a child on the waiting list）の解決など子育て支援（child-rearing assistance）のための財源を増やすために増税が必要であると政府は主張していますが、国民は納得できるのでしょうか。

増税のメリットとしては、社会保障の充実（improvements in the welfare system）の他に、低所得層（low-income earners）の生活の保障や、教育費の無償化（free education）などが挙げられます。貧富の差、社会経済的背景にかかわらずに（regardless of their socioeconomic backgrounds）平等な教育が受けられ、教育費の負担を減らす制度で少子化に歯止めをかける（halt the decline in birthrate）ことにもなります。一方で、増税が直接公共サービスの改善（the improvement of public services）につながるのかという疑問が国民の中にはあるでしょう。それに社会保障の充実や教育費の無償化といっても国民全員に良いことがあるわけではなく、国民の負担は確実に増えます。また増税により自由に使える収入（disposable income）が減り、消費意欲が衰える（a decline in consumer confidence）ことで景気が悪化してしまうのも大きなデメリットです。

以上のことを踏まえてエッセイを考えてみましょう!

149

## 問題6

Agree or disagree: The Japanese government should increase taxes in order to improve public services.

[訳] 政府は公共サービスを改善するため税金を上げるべきだという考えに賛成か、反対か？

**POINTS** Aging society / Education / Inefficiency / Economy

→ **賛成の意見** [論理展開の悪い解答例]

Tax increases are unpopular, and not many people are willing to accept them. However, I think that the Japanese government should increase taxes to improve public services for the following two reasons.

First, raising taxes is necessary because of the aging society. The rapidly aging population and declining birthrate makes the government budget inadequate. Therefore, it is imperative for the government to increase taxes.

Second, increasing taxes is necessary to give people more opportunities to have a good education. Education is very important for people to become successful. However, poor people do not have access to quality education nowadays. Only rich people have opportunities to have higher education and good employment.

For these two reasons, I think that the government should increase taxes to improve public services.

[訳] 一般的に増税は人気がなく、喜んで受け入れる人は少ないが、政府は公共サービスを改善するために税金を上げるべきだ、と以下の2つの理由により、私は思う。

第一に、高齢化社会のために増税は必要である。少子高齢化が進むことで政府の予算が足りなくなる。ゆえに政府が増税することは避けられない。

第二に、人々に優れた教育を受ける機会を与えるために、増税は必要である。教育は人々の成功のためにとても重要である。しかし今日貧しい人は質の高い教育を受けることができない。裕福な人だけが高等教育を受ける機会を与えられ、良い職につけるのである。

これらの2つの理由により、政府は公共サービスを改善するため税金を上げるべきだと思う。

✏️ **エッセイ・ライティングのポイント**

このエッセイは、ポイントに対するサポートが十分でなく、説得力に欠けています。足りない文を補う必要があります。

150

まず 1 つ目のポイントは、増税が必要なのは「高齢化社会のため」(because of the aging society) ではなく、「より多くの予算を、医療、保険、介護サービスに充てるため」(to allot more money for healthcare, medical and nursing services) で、高齢化社会はそのサポートで、労働者人口が減るために政府の予算が足りないという流れに持って行きます。さらに急増する高齢者医療への政府負担に対応するために、増税は必要不可欠だとすると、より説得力あるアーギュメントになります。

2 つ目の主張もやはりサポートが不十分です。「人々に優れた教育を受ける機会を与えるため」(to give people more opportunities to have a good education) に増税が必要とありますが、増税をすれば貧しい人は質の高い教育を受けることができるのでしょうか? ここは「無償で」(for free) と言う言葉が抜けていますね。「無償で質の高い教育を人々に提供するために」(to provide people with higher quality education for free) 増税が必要で、これによって全ての階層の人に成功への道をひらく機会が与えられるというアーギュメントにしましょう。

## 高得点ゲット! **Model Answer** はこれだ!

Tax increases are usually unpopular, and not many people are willing to accept them. However, I think that the Japanese government should increase taxes to improve public services for the following two reasons.

**First,** raising taxes is necessary to increase the budget for healthcare, including nursing-care services. In an aging society with a declining working-age population, the budget for these services is inadequate. Soaring medical costs for the elderly will make it imperative to increase taxes to cover the costs.

**Second,** tax increases are necessary to provide people with higher quality education if possible, free of charge. This will give everyone opportunities for career success, regardless of their socioeconomic backgrounds. Their career advancement can help reduce the gap between the haves and have-nots.

**In conclusion,** For these two reasons, increasing the budgets for healthcare and providing people with free education, I think that the government should increase taxes to improve public services.

| 表現力をUPしよう！ |
| --- |

□ healthcare, including nursing-care services 介護を含む医療保険サービス
□ inadequate 不十分な  □ imperative 避けられない
□ socioeconomic backgrounds 社会経済的背景
□ the gap between the haves and have-nots 貧富の差

［訳］一般的に増税は人気がなく、喜んで受け入れる人は少ないが、以下の2つの理由により、日本政府は公共サービスを改善するために増税すべきだと思う。

第一に、介護を含む医療保険サービスの予算を増やすために増税は必要である。高齢化社会で労働年齢人口が減少したため、それらのサービスに充てられる予算は不十分である。急増する高齢者の医療費を負担するためには増税は避けられない。

第二に、できれば、無償で質の高い教育を人々に提供するために増税は必要である。それによって社会経済的背景にかかわらず全ての人に成功への道をひらく機会を与えることができる。それは貧富の差を縮める助けとなる。

これらの医療保険サービスの予算を増やし、無償で教育を提供するという2つの理由から、政府は公共サービスを改善するために増税すべきだと思う。

### 攻略アドバイス

　説得力のあるアーギュメントにするためには、まずポイントではっきりと理由を主張して、サポートではさらに詳細（detail）を述べます。ポイントやサポートに適切な言葉やdetailが足りないと説得力がなくなります。アゲイン！　日本人特有の「言わなくてもわかるだろう」的な発想は、アーギュメントの世界では通用しません。

**満点突破攻略法**

# ポイントを述べた後
# 十分なサポートで
# 説得力のある主張にせよ！

それでは次に反対意見のエッセイを見てみましょう。

## → 反対の意見 [論理展開の悪い解答例]

Tax increases are usually unpopular, and many people are reluctant to accept them. I personally disagree that the government should increase taxes to improve public services for the following two reasons.

First, the government has often been criticized for a waste of tax money. Public institutions are infamous for their lack of transparency. Therefore, <u>taxes are not always used for the improvement of public services,</u> which often makes the delivery of public services inefficient.

Second, raising taxes means that the prices of goods and services will also increase. People won't have enough income to buy high-priced goods and services. People will not spend much money and want to save it. As a result, <u>it will have a negative impact on the economy</u>.

For these two reasons, I do not think that government should increase taxes to improve public services.

[訳] 一般的に増税は人気がなく、受け入れたがらない人が多い。私個人としても、政府は公共サービスを改善するために増税すべきだという考えには、以下の2つの理由により反対である。

第一に、政府は税金の無駄遣いをたびたび批判されている。公共機関は透明性に欠けることで有名だ。したがって税金がいつも公共サービスの改善に使われるとは限らず、公共サービスの提供が非効率になることがよくある。

第二に、増税によってモノやサービスの価格もまた上昇する。さらに高価なモノやサービスを買うための十分な収入も得られなくなるだろう。人々はあまりお金を使わなくなり貯蓄に走る。その結果、経済に悪影響を及ぼすことになるだろう。

これらの2つの理由から、政府は公共サービスを改善するために増税すべきではないと思う。

## ✎ エッセイ・ライティングのポイント

　このエッセイはどうでしょうか？　論理的には全く正しいのですが、ポイントがパラグラフの第一文にではなく、最後に来てしまっています。これは日本人によくあるパターンです。

　理由1の第1文目、「政府は税金の無駄遣いをたびたび批判されている。」(the government has often been criticized for a waste of tax money) は、ポイントではなくサポートです。そのパラグラフの最後のほうの「税金がいつも公共サービスを改善するために使われるとは限らない」(taxes are not always used for the improvement of public services) がポイントです。これをパラグラフの頭に持って来ましょう。

　2つ目のポイントも同じです。ポイントはパラグラフ最後の文の「経済に悪影響を及ぼす」(it will have a negative impact on the economy) ことで、それによって、「公共サー

153

ビスを改善するための増税」(tax increase for public service improvement）が、実際には「社会にとって有益でない」(not beneficial to society）。これがポイントです。さらにサポートでは、増税により自由に使える収入が減り、そのため購買力も減って（it will decrease people's disposable income and, therefore, purchasing power.）、それは結局、政府の歳入が減る（decline in government tax revenue）ことにつながり、公共サービスの質も低下することになると主張すると、説得力のあるアーギュメントになります。

　これらの点を踏まえてリライトしたエッセイは次の通りです。

---

**高得点ゲット！　Model Answer はこれだ！**

　Tax increases are usually so unpopular that many people are reluctant to accept them. I personally disagree that the Japanese government should increase taxes to improve public services for the following two reasons.

　**First,** raising taxes does not directly mean the improvement of public services. Public institutions are often criticized for their inefficiency in delivering public services and their lack of transparency. Complicated bureaucracy and inappropriate use of taxes can often seriously affect the quality of public services.

　**Second,** a tax increase for public service improvement is not beneficial to society, undermining the national economy. It will decrease people's disposable income, and therefore purchasing power. This situation causes a decline in government tax revenue, leading to a decline in the quality of public services.

　**In conclusion,** for these two reasons, the uncertainty of the use of taxes and negative effects on society, I do not think that the government should increase taxes to improve public services.

---

**表現力をUPしよう！**

- □ public institutions 公共機関
- □ bureaucracy 官僚制度、お役所仕事
- □ inappropriate use of taxes 不適切な税金の使い道
- □ purchasing power 購買力
- □ disposable income 自由に使える収入、可処分所得
- □ government tax revenue 政府の税収

［訳］一般的に増税は非常に人気がなく、多くの人は受け入れたがらない。私個人としても、政府は公共サービスを改善するために増税すべきだという考えには、以下の2つの理由により反対である。

第一に、増税は直接公共サービスの改善につながらない。公共機関は非効率的で不透明であるとよく批判される。複雑なお役所仕事や不適切な税金の使い道が、公共サービスの質に深刻な影響を及ぼすことがよくある。

第二に、公共サービス改善のための増税は社会にとって有益ではなく、国の経済を弱体化させる。増税によって人々の可処分所得が減り、そのために購買力も減る。これにより政府の税収も減って、結局公共サービスの質も低下することになる。

結論として、税金の使い道が不確実であることと社会にとって悪影響を及ぼすという2つの理由により、政府は公共サービスを改善するために増税するべきではないと思う。

### 攻略アドバイス

論理的なエッセイを書く上で大切なことは、わかりやすいことです。そのためには、必ず第1文でパラグラフの内容を簡潔に示すポイントを述べましょう。日本人とは逆の、「言いたいことは最初に述べる」的な発想で意見を述べるよう常に心がけてください。

## 満点突破攻略法

# ポイントは必ず
# パラグラフの頭で述べ
# 後でサポートで説明せよ！

どうでしたか？　これで前半の論理性トレーニングと、ライティングトレーニングは終了です。お疲れさまでした。

では、続けて後半の6題で、さらにエッセイ力を高める英語発信力を鍛えるため、最重要トピックの問題でエッセイ・ライティングのコツをさらに習得していきましょう。用意はいいですか？

155

# 07

## パック旅行は最良の選択か？

### ■ ワンポイントレクチャー

　パック（団体）旅行（package tour / group tour）が良いか、個人旅行（individual trip）が良いか」は日常的なトピックですが、旅行をあまりしない人にとっては少々難しく感じるかもしれません。

　パック旅行のメリットとしては、まず「ホテルやレストランを予約する時間や手間を省ける（save time and trouble）」ことでしょう。これは日々忙しくしているビジネスピープルにとっては非常に便利で、最大のメリットだと言えるでしょう。他には個人旅行と比べると添乗員がそばにいてくれるので、特に海外旅行の場合には「安全性」や「安心感」（good sense of security）が非常に高いことや、料金が全て込み（all-inclusive price）で安いこと、さらには他の参加者と交流する（interact with other tour participants）機会があることも魅力でしょう。

　一方、デメリットとしては、ツアープランが固定されているため（The tour schedule is fixed.）旅行者は臨機応変に自由に旅行を楽しめないことが挙げられます。また、スケジュールが忙しく時間に追われる（pressed for time）ので、旅行者は部分的にしか現地の文化を見ることができず（have only a glimpse of local cultures）、浅く広い「表面的」な楽しみ方しかできないこともデメリットです。

　では、これらの点を踏まえて、モデルアンサーを見てみましょう。

156

問題 7

## Agree or disagree: Package tours are the best choice.

［訳］パック旅行は最良の選択だ、という意見に賛成か、反対か？

**POINTS** Convenience / Protect travelers / Flexibility / Local custom

---

### 高得点ゲット! Model Answer はこれだ!

Some people say that package tours are the best choice, while others say they are not. Personally, I think that package tours are the best choice for the following two reasons.

**First,** package tours offer a lot of convenience to people. For example, they can save the trouble of making travel arrangements all by themselves. Travelers can also efficiently visit many scenic spots, guided by a tour conductor. They can make the most of their trip during the tour.

**Secondly,** tour guides can protect travelers from troubles during their trip because they have a lot of experience in handling theft or emergencies like traffic accidents. They're also very familiar with local customs so they can help travelers avoid troubles caused by cultural misunderstandings between tourists and local people.

**In conclusion,** for these two reasons: convenience and safety, I think that package tours are the best choice.

### 表現力をUPしよう!

□ save the trouble 手間を省く　□ travel arrangement 旅行の手配
□ scenic spot 観光地　□ make the most of ～を存分に楽しむ、フルに活用する

［訳］パック旅行は最良の選択だと言う人もいれば、そうでないと言う人もいる。個人的に私は次の2つの理由から、パック旅行は最良の選択だと思う。
　　第一に、パック旅行は人に多くの利便性をもたらす。例えば、人びとは旅行手配を全部自分でする手間が省ける。旅行者はツアーガイドの案内によって多くの観光地を効率良く訪れることがきる。彼らはツアー中、旅行を最大限に楽しむことができる。
　　第二に、ツアーガイドは、盗みや交通事故などの緊急事態に対処するための豊富な経験をもっており旅行者を旅行中のトラブルから守ることができる。彼らはまた地域の風習に精通しているので、旅行者が地元の人々との文化的な誤解に起因するトラブルを避ける手助けもできる。
　　結論として、利便性と安全性の2つの理由から、私はパック旅行が最良の選択であると考える。

157

## 攻略アドバイス

まず「パック旅行は便利である」というポイントから始め、そのサポート「自分で手配をしなくてよい」と述べるのがコツです。2つ目のポイントも同様で、「旅行者が安全である」というメリットを先に述べてから「ツアーガイドがさまざまな緊急事態に対処してくれる」とサポートしていきます。

他のメリットとして、Package tours are less costly than individual tours.「個人旅行と比べパック旅行は費用が安い」ことを挙げ、交通費や宿泊費、食費が含まれている (the costs of transportation, accommodations and meals are included) からと述べることも可能です。さらに、Taking part in package tours will give them the opportunity to socialize with and build new friendships with other participants. (団体ツアーに参加することで他の参加者と交流をしたり友達になるチャンスがある) というメリットもあります。

---

### 高得点ゲット！ Model Answer はこれだ！

Some people say that package tours are the best choice, while others say they are not. Personally, I don't think that package tours are the best choice for the following two reasons.

**First,** travelers can't enjoy sightseeing at their own pace. The itinerary doesn't have the flexibility to adapt to different circumstances like travelers wanting to spend more time for sightseeing and shopping. They're always pressed for time in a tight tour schedule. They can't go to all of the sightseeing spots they want to visit.

**Second,** package tours give travelers only a glimpse of local customs. They don't get a chance to interact with local people. In guided tours, they don't have to communicate with local people, which gives them only superficial knowledge of local cultures.

**In conclusion,** for these two reasons: lack of flexibility and superficial understanding of local culture, I don't think that package tours are the best choice.

---

### 表現力をUPしよう！

□ at one's own pace 〜のペースで　□ adapt to 〜に合わせる
□ be pressed for time 時間に追われて
□ give only a glimpse of 〜のごく一部しか見せない　□ interact with 〜と交わる

［訳］パック旅行は最良の選択だと言う人もいれば、そうでないと言う人もいる。個人的に私は次の２つの理由から、パック旅行は最良の選択ではないと思う。

第一に、旅行者は自分たちのペースで観光を楽しむことができない。旅行プランは、旅行者が観光や買い物にもっと時間を費やしたいと思うような様々な状況に順応する柔軟性がない。非常にタイトな旅行スケジュールの中で旅行客はいつも時間に追われている。彼らは自分が行きたい全ての観光地を訪れることができない。

第二に、パック旅行では旅行者は地域の習慣にほんの少ししか触れることができない。彼らは地元の人と交流する機会がない。ガイドに案内されるツアーでは、彼らは地域の人と会話する必要がなく、現地の文化について表面的な知識しか得ることができない。

結論として、柔軟性がないことと地元文化についての表面的な理解という２つの理由で、私はパック旅行が最良の選択ではないと思います。

## 攻略アドバイス

デメリットを２つ考えたら、アーギュメントとして強いほう「旅行者が自分のペースで観光できない」を最初に書きます。パック旅行はスケジュールがタイトで時間的余裕がない場合が多く、目の前に立ち寄りたいスポットがあってもあきらめなくてはなりません。このデメリットのほうが、２つ目のデメリット「現地（地元）習慣のほんの一部しか見られない」よりもアーギュメントとしては強いと言えるでしょう。

# 08

## オリンピックの開催は良いことか？

### ■ ワンポイントレクチャー

オリンピックは、人種、宗教、政治を超えた「世界のスポーツ大会」として、心身を鍛えて調和の取れた人間の形成（well-balanced human development）と、スポーツを通じた友情、連帯、フェアプレーの精神の養成（foster the spirit of good friendship, solidarity and fair play）、国際理解の精神に基づく差別と戦争のない平和な社会（peaceful world free from discrimination and war）の実現を目的にしています。その一方で、国際情勢（world affairs）の影響を大きく受け、戦時中は開催されず、国家の威信（national prestige）を表す場として利用されたり、ボイコットされたりもしています。

オリンピック開催に関しては近年、その経済効果や「平和の祭典」という意義よりも、多額の経済負担やテロの脅威にさらされる（come under a terrorism threat）といったマイナス面のほうがクローズアップされるようになり、オリンピック招致（hosting the Olympics）の是非について議論されるようになりました。

まず具体的なメリットしては、オリンピック開催による経済効果が挙げられます。競技施設などの関連施設、鉄道や道路などの交通システム整備、開催地における買い物などの消費増加など、多岐にわたって経済は活性します。

また、観光客を見込んだホテルの増加やネット環境の整備などインフラの充実（infrastructure improvement）によって地域住民の生活の質を高める（enhance the quality of life）ことも大きなメリットでしょう。

デメリットとしては、やはり開催都市の経済負担（economic burden of the host country）が挙げられます。世界中の注目を浴び、テロの標的になる（become a target of terrorist attacks）危険性が高まることや、観光客の増加でゴミや公害が増え環境悪化（environmental degradation）を引き起こすことも指摘されています。

ではこれらのポイントを踏まえて、モデルアンサーを見てみましょう！

**問題 8**

# Is it good to host the Olympic Games?

[訳] オリンピックの開催は良いことか?

**POINTS** Economic burden / Tourism / Infrastructure / Terrorist attack

---

**高得点ゲット!** **Model Answer** はこれだ!

It is generally believed that hosting the Olympics is good. Personally, I think that hosting the Olympic Games is good for the following two reasons.

**Firstly,** hosting the Olympic Games will help develop the economy of the host country. This is because the Olympics can boost the tourism industry by attracting many tourists from all around the world. The host country can also receive huge profits from corporate sponsorship and broadcasting rights.

**Secondly,** hosting the Olympics can develop the infrastructure of the host country. For example, constructing new highways and subways greatly contributes to the advancement of transportation networks. Construction and improvement of facilities such as hotels for the event will enhance the quality of life of local people.

**In conclusion,** for these two reasons: boosting economic growth and developing infrastructure, I think that hosting the Olympic Games is good.

---

**表現力をUPしよう!**

□ corporate sponsorship 企業の支援　□ broadcasting right 放送権
□ develop infrastructure インフラを整備する
□ enhance the quality of life 生活の質を向上させる

[訳] オリンピック開催は良いことだと一般的に思われている。個人的に私は以下の2つの理由からオリンピック開催は良いと思う。

第一に、オリンピック開催は開催国の経済を発展させる。なぜなら、オリンピックは世界中の観光客をひきつけ観光業を活発にするからだ。開催国は企業の資金提供や放送権で莫大な収益も得る。

第二に、オリンピック開催は開催国のインフラを発展させる。例えば、新しい高速道路や地下鉄の建設は交通網の発展に大きく貢献する。オリンピック開催のためのホテルなどの施設の建設や改装は、地元の人々の生活の質を向上させる。

結論として、経済成長やインフラの発展の2つの理由により、私はオリンピック開催は良いことだと思う。

### 攻略アドバイス

　ポイントの１つ目としては「経済効果」が一番強いでしょう。オリンピック開催による建設業や観光業での経済効果を例に挙げてサポートします。２つ目は「インフラ整備による生活の質の向上」を挙げます。高速道路や地下鉄などの交通機関やホテルなどの建設で、地域住民の暮らしの質は多いに高まると展開しましょう。この他には、The host country can showcase its culture to the world. （開催国は自国の文化を世界に紹介することができる）ことや、Hosting the Olympics will boost national pride and promote national unity. （オリンピック開催は国民の誇りを高めて国の結束を強くする）ことも挙げられますが、最初の２つのほうが強いアーギュメントです。

---

### 高得点ゲット！ **Model Answer** はこれだ！

It is generally believed that hosting the Olympics is good. Personally, I don't think that hosting the Olympic Games is good for the following two reasons.

**Firstly,** hosting the Olympics can impose a huge economic burden on the government because they have to develop the infrastructure for the event. The construction costs are often so high that host countries often end up with a net loss on their investment after the Olympic Games are over.

**Secondly,** the host country will increase the likelihood of becoming a target of terrorist attacks because hosting the Olympics attracts worldwide attention with massive media coverage. Many athletes and tourists that come from many different countries to the Olympic sites can fall victim to terrorist attacks such as bombings.

**In conclusion,** for these two reasons: a huge economic burden and the possibility of becoming a target of terrorism, I don't think that hosting the Olympic Games is good.

---

### 表現力をUPしよう！

☐ impose a huge economic burden on ～に大きな経済負担を課す
☐ media coverage マスコミ報道　☐ fall victim to ～の犠牲になる

［訳］オリンピック開催は良いことだと一般的に思われている。個人的に私は以下の2つの理由からオリンピック開催は良くないと思う。

　第一に、オリンピック開催はインフラを整備する必要があるため、政府に莫大な経済負担を課す。建設費は非常に高いので、開催国はしばしばオリンピック終了後に、その投資が赤字に終わる。

　第二に、開催国はテロ攻撃の標的になる可能性を高める。なぜなら、オリンピックの開催はメディアで大きく報道されるので世界中から注目を浴びるからだ。さまざまな国から来る多くの選手や観光客は開催地を訪れ、爆弾テロのようなテロ攻撃の犠牲になるかもしれない。

　結論として、莫大な経済負担とテロの標的になるかもしれないという2つの理由から、私はオリンピック開催は良いことだと思わない。

### 攻略アドバイス

　開催国の「経済負担」が一番のデメリットと言えるでしょう。その原因として開催地のインフラ整備の例を挙げてサポートしましょう。2つ目に強いのは「テロの標的」になる恐れがあることです。世界中から注目を集め、世界各地からたくさんの人が集まるオリンピック開催地は、テロリストから狙われる可能性があると展開します。

　他のデメリットに Hosting the Olympics can cause environmental degradation through increased waste and pollution.（オリンピック開催によりゴミや公害が増えるので環境悪化を招く）ことが挙げられますが、やはり経済的な打撃やテロの脅威のほうが強いでしょう。

163

# 09

## 制服は廃止すべきか？

### ■ ワンポイントレクチャー

「制服が必要か否か」は教育分野において非常によく扱われるトピックです。昔は、日本では制服着用が当たり前でしたが、平成に入ってからは**教育方針の見直し（review the educational policy）**などから、制服を廃止したり、着用義務のない標準服に移行する学校も多くなりました。

制服着用のメリットとしては、髪型や**ファッションに気を取られることなく（Students don't get distracted from fashion.）**その分勉強に集中できるため「**学力が向上する**」（increase their academic performance）ことが挙げられます。親にとっては「**子供の洋服代の節約になる**」（save the costs of children's clothes）というメリットもあるでしょう。また、決められた制服を決められた時間に着用することで、子供達に規則を守ることの大切さを教え「**青少年犯罪を防止する**」（prevent juvenile delinquency）ことも挙げられます。

その一方で、デメリットとしては、制服着用は盲目的に**規律に服従させ（make them conform to rules）**、「**生徒の個性や創造性の発達を阻害する**」（undermine the development of students' individuality and creativity）ことが指摘されています。また、制服は**季節による気温の変化に対応しておらず（not adapt to seasonal changes in temperatures）**、夏は暑過ぎて冬は寒過ぎるので「**不快感を与える**」（cause discomfort）ことや、さらに制服は学校以外では着用しないので「不経済である」といった意見もあります。

それではこれらの点を踏まえた上でモデルアンサーを見てみましょう。

## 問題9

## Agree or disagree: School uniforms should be abolished.

[訳] 学校の制服を廃止するべき、という意見に賛成か、反対か？

**POINTS** Casual clothes / Durable / Cause discomfort / Individuality

---

### 高得点ゲット！ Model Answer はこれだ！

It is often pointed out that school uniforms should be abolished. Personally, I think that school uniforms should be abolished for the following two reasons.

**Firstly,** school uniforms will undermine the development of students' individuality and creativity. They represent military-style discipline that values strict conformity and create persons lack of flexibility. Wearing school uniforms can weaken students' creative energy that they might otherwise use to create technological innovations.

**Secondly,** school uniforms can cause discomfort to students because they are not adaptable to seasonal changes in temperatures. Students may feel too cold in winter or too hot in summer because they can't wear extra layers to warm themselves up in winter or more casual clothes like T-shirts in summer.

**In conclusion,** for these two reasons: undermining creativity and causing discomfort, I think that school uniforms should be abolished.

---

#### 表現力をUPしよう！

☐ military-style discipline 軍隊のような規律
☐ strict conformity 絶対的な服従（遵守）　☐ wear extra layers 重ね着する

---

[訳] 学校制服を廃止するべきだとよく言われている。個人的に私は以下の2つの理由から、学校制服は廃止するべきだと思う。

第一に、制服は生徒の個性と創造性の発達をむしばむ。制服は絶対的な服従を重視する軍隊式規律を象徴し、柔軟性のない人間を作り出してしまう。制服の着用は、技術革新を生み出すために使われるかもしれない生徒の創造的なエネルギーを弱めてしまう。

第二に、制服は気温の季節的な変化に適応できないので生徒に不快感を与える。生徒は、防寒のために重ね着したり、夏にTシャツのようなカジュアルな服を着れないので、冬は寒すぎ、夏は暑すぎると感じる。

結論として、創造性の阻害と不快感を生むという2つの理由により、私は学校制服を廃止すべきだと思う。

165

## 攻略アドバイス

制服着用の最大のデメリット「個性や創造性をむしばむ」をポイントに、学校の制服に代表される軍隊式の規律は、絶対的な服従を奨励し、柔軟性に欠ける人間を作り出してしまう、とサポートしましょう。このアーギュメントのほうが、2つ目の「制服が身体に与える不快さ」よりも説得力がありますね！

---

### 高得点ゲット！ Model Answer はこれだ！

Different people have different ideas about school uniforms. Personally, I don't think that school uniforms should be abolished for the following two reasons.

**Firstly,** wearing school uniforms can contribute to an overall rise in students' academic performance. This is because school uniforms can eliminate the time they would spend on trying to choose what to wear to school. Without school uniforms, they have to wear their casual clothes, which can distract their attention from studying.

**Secondly,** school uniforms will save family expenses by reducing parents' spending on children's clothes. School uniforms are durable, and far less costly than other clothes in the long run. Without school uniforms, parents would have to spend a lot of money on children's fashions, which can be a heavy blow to their household budget.

**In conclusion,** for these two reasons: concentration on study and parents' decreased spending on children's clothing, I don't think that school uniforms should be abolished.

#### 表現力をUPしよう！

□ academic performance 学業成績
□ distract one's attention 〜の注意をそらす □ family expense 家計費
□ durable 丈夫な □ heavy blow 大きな打撃

[訳] 学校の制服に関してはさまざまな意見がある。個人的に私は以下の2つの理由から、学校制服は廃止すべきでないと思う。

第一に、制服着用は生徒の総合的な成績を高めることに貢献する。なぜならば、制服は生徒が学校に何を着ていくかを選ぶことに使う時間を取り除いてくれるからだ。制服がなかったら彼らは私服を着用せねばならず、それは学業から注意をそらすことになる。

第二に、制服は子供の服装のために親が費やす出費を抑え、家計の節約になる。制服は丈夫に作られていて、長期的に見て他の服よりはるかに安い。制服がなかったら、親は子供のファッションのた

めに多額のお金使わなくてはならず、それは家計への大きな痛手となる。

結論として、学業に専念できることと、親にとって子供の服のための出費が少なくてすむという2つの理由から、私は学校の制服を廃止するべきでないと思う。

## 攻略アドバイス

まずは「生徒が学業に集中できる」メリットを書きましょう。特に思春期はファッションにも興味をもつので、制服があったほうが余計な時間を使わずにすみ勉学に励めるというサポートで展開します。親にとっても、制服がないと洋服代は膨らむので、「制服があるほうが家計に優しい」が2つ目です。

この他には、School uniforms encourage conformity to the rules of society.（制服は社会の決まりを守ることを奨励する）や、Wearing school uniforms will serve as a deterrent to juvenile delinquency.（制服の着用は青少年犯罪の抑止となる）といったメリットも挙げられます。

# 10 オンラインゲームはやめさせるべきか？

## ◾ ワンポイントレクチャー

インターネットの影響による「メディアの功罪」(merits and demerits of the media) を議論するトピックは社会問題の中でも非常に重要で、二次面接でも非常によく扱われます。

インターネットは最新の情報を配信すること (distribute up-to-date information) や情報検索を容易にし、我々の生活に多大な利便性をもたらしていますが、その一方で、いわゆる「ネット依存」(Internet addiction) やオンライン (コンピュータ) ゲーム中毒は深刻な社会問題のひとつになっています。手軽に持ち運び可能なタブレットやスマートフォンの急速な普及は、中毒性が極めて高い (extremely addictive)「ゲーム依存」を拡大し、多くの人が貴重な時間をゲームに奪われてしまい、日常生活に支障をきたす (affect people's daily life) ことがメディアでも取り沙汰されています。

子供の場合は勉強時間が犠牲になるので成績が著しく低下する (lead to a sharp decline in academic performance) ことが最大のデメリットでしょう。また、ゲーム機器やソフトの購入に多額のお金を浪費するなど、生活面での問題を引き起こす場合もあります。さらに、座ったままの姿勢で長時間ゲームをする (play video games in a seated position for many hours) と視力の低下、睡眠不足、運動不足を引き起こすだけでなく、何もやる気にならず (feel poorly motivated)、家から出られずに引きこもりになるなど、肉体面のみならず精神面の健康にも深刻な影響を及ぼします (seriously affect physical and mental well-being)。

オンラインゲームのメリットとしては、ゲームをすることで「反射神経や瞬発力を養う」(develop reflexes and agility) ことが挙げられます。また、ゲームソフトには「教育的ツールになり得る」(serve as educational tools) ものもあり、ゲーム感覚で楽しみながら学習できるものも数多く売り出されています。しかし、このトピックは、デメリットのほうが圧倒的に強いので、賛成側 (ゲームを止めさせる) のほうが書きやすいでしょう。

では、これらのポイントを踏まえてモデルアンサーを見てみましょう。

## 問題 10

# Should playing online games be discouraged?

［訳］オンラインゲームはやめさせるべきか？

**POINTS** Academic performance / Concentration / Addictive / Educational tool

---

### 高得点ゲット！ **Model Answer** はこれだ！

It is often pointed out that online games should be discouraged. Personally, I believe that online games should be discouraged for the following two reasons.

**Firstly,** playing online games is so addictive that people tend to waste their valuable time that they could spend on more productive activities such as study and exercise. Children tend to become compulsive players and lose a lot of time for study, which can cause a serious decline in their academic performance.

**Secondly,** online games can have a negative effect on players' health. They increase their sedentary activities and exposure to computer screens, and therefore often cause eyestrain, bad posture, sleep deprivation and sometimes even metabolic syndrome through a lack of exercise.

**In conclusion,** for these two reasons: the waste of players' valuable time and negative health effects, I think that online games should be discouraged.

---

#### 表現力をUPしよう！

□ **addictive** 中毒を引き起こす　□ **compulsive player** ゲームをせずにはいられない人
□ **serious decline** 深刻な低下　□ **sedentary activity** 座りっぱなしの活動
□ **exposure to** ～にさらされる　□ **eyestrain** 眼精疲労　□ **bad posture** 悪い姿勢
□ **sleep deprivation** 睡眠不足　□ **metabolic syndrome** メタボリック症候群

---

［訳］オンラインゲームはやめさせるべきだとよく指摘されている。個人的に私は以下の2つの理由から、オンラインゲームはやめさせるべきだと思う。

第一に、オンラインゲームをすることは中毒性が高いので、人は勉強や運動などのもっと生産的な活動に費やせる貴重な時間を無駄にする傾向がある。特に子供はゲームをせずにはいられなくなり、たくさんの勉強の時間を失うので、学校の成績が低下してしまう。

第二に、オンラインゲームはプレイヤーの健康に悪影響を及ぼす。それは座ったままの活動やスク

169

リーンにさらされることを増やすので、しばしば眼精疲労、悪い姿勢、睡眠不足を引き起こし、時に運動不足によるメタボリック症候群を引き起こす。

結論として、貴重な時間の無駄、健康への悪影響の2つの理由により、私はオンラインゲームを止めさせるべきだと考える。

### 攻略アドバイス

　このトピックは「ゲーム中毒になる」という最大のデメリットを挙げ、学力低下や時間の無駄使いになるという観点で展開していきます。このアーギュメントのほうが、目の疲れやメタボリックシンドロームなどの健康への悪影響よりも強いと考えられるので、最初に書きましょう。

---

**高得点ゲット！** **Model Answer はこれだ！**

　Different people have different ideas about online games. Personally, I don't think that online games should be discouraged for the following two reasons.

　**Firstly,** playing online games will help players develop their reflexes and concentration. For example, when playing shooting games, they always have to be alert and focused on a computer screen and respond quickly. Otherwise, they will end up losing the game.

　**Secondly,** some games can serve as educational tools for people to study with. For example, players can learn the spellings and meanings of English words as they play a game. Such games facilitate the process of learning while offering entertainment. It is much easier for people to memorize facts and figures through both entertaining and educational activities with audio-visual images than through merely reading books.

　**In conclusion,** for these reasons: the development of concentration, and educational value, I don't think that online games should be discouraged.

#### 表現力をUPしよう！

- □ develop reflexes 運動神経を発達させる　□ alert 油断のない
- □ facilitate the process of learning 学習のプロセスを円滑にする
- □ facts and figures 正確な情報　□ merely ただ〜だけの

［訳］オンラインゲームには様々な意見がある。個人的に私は以下の2つの理由から、オンラインゲームはやめさせるべきではないと思う。

第一に、オンラインゲームをすると運動神経や集中力が発達する。例えば、射撃ゲームをするとき、プレイヤーは常に警戒し、スクリーンに集中し、すばやく反応しなくてはならない。さもなければゲームに負けることになる。

第二に、ゲームの中には、人びとが勉強するための教育ツールとして使えるものもある。例えば、プレイヤーはゲームをしながら英単語のスペルや意味を覚えられる。このようなゲームは楽しみも与えながら、学習プロセスを容易にする。人は単に本を読むより、視聴覚に訴える映像を用いた楽しくて教育的なゲームをしながらのほうが、はるかに事象や数字を覚えやすい。

結論として、集中力の発達と学習的価値という理由から、私はオンラインゲームをやめさせるべきではないと思う。

## 攻略アドバイス

はじめに「集中力を養う」と述べたので、その具体例として射撃ゲームの例を挙げサポートしています。2つ目のポイント「学習要素の高いゲームもある」も、その具体例として英単語を覚えられるソフトを紹介してサポートしています。このように例を挙げて展開することが重要です。

# 11

## 人は医者や薬に頼り過ぎているか？

### ■ ワンポイントレクチャー

　日本では、急速に高齢化が進み (rapidly aging)、医療費がどんどん増えています (Medical costs are becoming enormous.)。厚生労働省 (the Ministry of Health, Labor and Welfare) の発表によると、国民が医療機関で治療を受けるのにかかる「国民医療費」(national healthcare expenditure) の総額は一年間に約40兆にもなり、財政を圧迫する大きな要因 (major cause of increasing a burden on public finance) になっています。

　老人は病気になる確率が高い (Elderly people are more likely to develop a disease.) ので、高齢化社会では、トータルの医療費は自然と多くなりますが、主な原因として「病床数が多くて在院日数が長いこと (long hospitalization)」や「薬剤価格が高く薬剤使用量が多い (high usage of medications)」があり、「検査が多い」ことや「受診回数が多い」ことも医療費を圧迫しているとされています。

　その一方で、健康意識の高まり (growing health consciousness) により「予防医学」(preventive medicine) も注目され始め、毎年多くの人が健康診断 (health checkup) を受けています。また、日々の食事を見直し、適度に運動する習慣を身につけ、自然治癒力を高める (increase natural healing ability) ことで未然に病気を防ぐ (prevent illness) ことも広まってきています。

　それではモデルアンサーを見てみましょう。

問題11

Agree or disagree: People are too dependent on doctors and medicine.

［訳］人びとは医者や薬に頼りすぎだという意見に賛成か、反対か？

POINTS Overmedication / Medical checkup / Well-balanced diet / Recover from illness

## 高得点ゲット！ Model Answer はこれだ！

Some people believe that people are too dependent on doctors and medicine, while others believe they are not. Personally, I think that people are too dependent on doctors and medicine for the following two reasons.

**Firstly,** most doctors tend to prescribe more drugs than necessary for their patients, usually for monetary gains. Overmedication from doctors makes people used to taking a lot of medicine even when it may not be necessary.

**Secondly,** most people in modern society, business people especially, consult doctors or take some kind of medicine for a quick recovery. They are too busy to take a day off for proper rest when they become ill. Instead they are eager to take medicine or receive medical treatment to recover from illness.

**In conclusion,** for these two reasons: overmedication from doctors and the need for a quick recovery, I think that people are too dependent on doctors and medicine.

### 表現力をUPしよう！

- □ **monetary gain** 金銭的利益　□ **overmedication** 過剰投薬
- □ **become ill** 体の具合が悪くなる

[訳] 人は医者や薬に頼りすぎていると思う人もいれば、そう思わない人もいる。個人的に私は以下の2つの理由から頼りすぎていると思う。

第一に、医者は利益目的に必要以上の薬を処方する傾向がある。医者の過剰投薬により、人は必ずしも必要でないときでも多くの薬を飲むことに慣れてしまっている。

第二に、現代社会の特にビジネスピープルは、すぐに良くなろうと医者に診てもらったり薬を飲んだりする。彼らは忙しすぎて、体調が悪くなったときでも、十分な休息をとるのに仕事を休むことができない。彼らは病気から回復しようと、薬を飲みたがり、治療を受けたがるのである。

結論として、過剰投薬と早い回復の必要性の2つの理由から、私は人は医者や薬に頼りすぎていると思う。

### 攻略アドバイス

医師による「過剰投薬」をポイントに、「多くの薬を飲むことに慣れてしまっている」のようにサポートしましょう。2つ目は、現代人が忙しさのために、体調が悪くなってもゆっくり休養する時間もなく、「すぐに薬を飲みたがり、治療受けたがる」ことをポイントに展開します。

173

## 高得点ゲット！ **Model Answer** はこれだ！

Some people believe that people are too dependent on doctors and medicine, while others believe they are not. Personally, I don't think that people are too dependent on doctors for the following two reasons.

**Firstly,** there is a growing health-consciousness. Many people regularly practice preventive medicine to maintain good health. For example, an increasing number of people go to gyms for exercise or have a well-balanced diet at home avoiding high-calorie foods from stores.

**Secondly,** many people have regular health checkups or thorough physical examinations as a preventive measure for health problems. Companies require their employees to have medical checkups regularly, and local governments also carry out physical examinations for their citizens.

**In conclusion,** for these two reasons: the practice of preventive medicine and regular health checkups, I don't think that people are too dependent on doctors and medicine.

### 表現力をUPしよう！

- □ health-consciousness 健康志向
- □ practice preventive medicine 予防医療を実践する
- □ health checkup 健康診断　□ thorough physical examination 人間ドック
- □ preventive measure 予防策　□ adequate amount 適正な量

[訳] 人は医者や薬に頼り過ぎていると思う人もいれば、そう思わない人もいる。私は以下の2つの理由から頼りすぎてはいないと思う。

第一に、健康意識が高まっている。多くの人は健康を維持するために、定期的に予防医療を実践している。例えば、多くの人が運動にジムに行ったり、店の高カロリーの食品を避けて家でバランスのとれた食事を摂っている。

第二に、多くの人が、健康問題の予防手段として定期的な健康診断や人間ドックを受けている。企業は社員に定期的に健康診断を受けさせ、地方自治体も市民に向けに検診を行っている。

結論として、予防医療の実践と定期的な健康診断の2つの理由により、私は人びとが医者や薬に頼りすぎているとは思わない。

### 攻略アドバイス

反対側のポイントは、まず健康意識の高まりにより、健康的な食事や運動習慣が社会に浸透していること、2つ目に定期的な健康診断や人間ドックなどが一般の人々に広まっていることを挙げます。

# 12

## ロボットの使用に賛成か反対か?

### ワンポイントレクチャー

　昨今の科学技術分野において非常に重要なトピックのひとつが「ロボットの普及」の是非を問う問題です。かつては SF 小説や映画の中でしか登場しなかったロボットですが、近年における AI（人工知能）の急速な発達により、我々の日常生活でも幅広くロボットが使われる時代が、すぐそこまで来ています。

　ロボットが身近な存在となったのは 1980 年代で、主に製造分野の工場の生産ラインで力仕事（heavy lifting）や、危険が隣り合わせの過酷な環境（extreme environment）で作業する組み立てロボットや溶接ロボットなどの産業用ロボット（industrial robot）が導入されたのが始まりです。その後、災害救助（relief operation）、地雷撤去（demining）、宇宙探査（space exploration）など、人間が足を踏み入れることが難しい環境下で作業可能なロボットの開発が進みました。

　最新データによれば、今後普及するのは、掃除ロボットや介護用ロボットなどの「家庭用ロボット」（domestic robot）や、会社やホテルの受付ロボットといった「サービス型ロボット」（service robot）の使用で、それまで主流であった産業用ロボットの市場を上回り、世界規模で大幅に拡大する見込みです。

　そんな中、現在人間が行っている仕事がロボットに奪われる（lose their jobs to robots）のではないかという強い懸念（deep concern）が生じ、今後予測される様々な分野におけるロボットや AI 開発の是非をめぐる議論が高まっています。

　それではモデルアンサーを見てみましょう。

175

## 問題 12

Agree or disagree: Having robots in people's lives is good for society.

[訳] 生活にロボットがいることは社会にとって良いことだという意見に賛成か、反対か?

POINTS Labor shortage / Unemployment / Kindness / Natural disaster

### 高得点ゲット! Model Answer はこれだ!

Different people have different ideas about robots. Personally, I think that having robots in people's lives is good for society for the following two reasons.

**Firstly,** the use of robots will solve the problem of labor shortage for the near future. For example, the nursing care industry in Japan is already suffering from a lack of caregivers, and the service industry is also short-staffed due to the declining birthrate. Using robots will address the workforce shortage problem, especially in those industries.

**Secondly,** robots can perform dangerous jobs that humans cannot do. For example, they can help find missing people in areas seriously damaged by natural disasters and deliver foods and other relief items to disaster victims much faster than humans because they can work around the clock.

**In conclusion,** for these two reasons: solving the labor shortage and performing dangerous tasks, I think that having robots in people's lives is good for society.

### 表現力をUPしよう!

☐ short-staffed 人手不足の　☐ disaster victim 被災者
☐ work around the clock 24 時間作業する

[訳] ロボットについてはさまざまな意見がある。個人的に私は以下の2つの理由から、人の生活にロボットがいることは社会にとって良いと思う。

第一に、ロボットの使用は近い将来の労働不足という問題を解決する。例えば、日本の介護産業はすでに介護従事者不足に悩まされており、サービス産業も少子化により人手が足りない。ロボットを使用することで、特にこれらの産業の労働者不足問題に対処することができるだろう。

第二に、ロボットは、人間にはできない危険な仕事ができる。例えば、ロボットは 24 時間働けるので、自然災害で大きな被害を受けた地域で、行方不明者の捜索に当たったり、人間よりもはるかに早く被災者に食料や他の救援物資を届けることができる。

結論として、労働者不足の解決と危険任務の遂行という2つの理由により、私は人の生活にロボットがいることは社会にとって良いと思う。

## 攻略アドバイス

　最大のメリットは、少子化による人口減少が引き起こす労働者不足を「ロボットで埋め合わせることができる」ことでしょう。これは現在の経済活動を維持するために不可欠なので、非常に強いアーギュメントです。特に急速に高齢化が進む社会においては、介護産業でのロボット使用は社会に大きな利益をもたらすでしょう。

---

### 高得点ゲット！ Model Answer はこれだ！

Different people have different ideas about robots. Personally, I don't think that having robots in people's lives is good for society for the following two reasons.

**Firstly,** using robots can increase the unemployment rate. Complete automation in industries such as manufacturing and transportation will reduce demand for human labor. It is believed that many companies will increase the use of robots because of their much higher efficiency and reduced personnel costs.

**Secondly,** robots will deprive society of human qualities such as sympathy and kindness. Using robots is not suitable for fields such as education and counseling where it is important to cater to individual's needs. For example, robot instructors or counselors are not sympathetic and considerate enough to have face-to-face communication with people.

**In conclusion,** for these two reasons: a possible rise in unemployment and degradation of human interactions, I don't think that having robots in people's lives is good for society.

#### 表現力をUPしよう！

- □ personnel cost 人件費
- □ deprive society of human quality 社会から人間の特性を奪う
- □ cater to individual's needs 個人のニーズに応える
- □ human quality degradation 人間の質の劣化
- □ sympathetic 共感する、思いやりがある

[訳] ロボットに関してはさまざまな意見がある。個人的に私は以下の2つの理由から、人の生活にロボットがいることは社会にとって良いとは思わない。

第一に、ロボットの使用は失業率を上げる。製造や運送などの産業における完全な自動化は人的労働の需要を減少させる。多くの企業がその高い効率性と安い人件費のためにロボット使用を増やすだろう。

第二に、ロボットは共感や優しさといった人間の特性を社会から奪う。ロボット使用は、個々のニーズに応えることが重要な教育やカウンセリングのような分野には向いていない。例えば、ロボットの先生やカウンセラーは、面と向かって人と会話できるほど共感できたり思いやりがあったりしない。

結論として、失業の増加の可能性と人間の交流の衰退という2つの理由により、私は人の生活にロボットがいることは社会にとって良いとは思わない。

## 攻略アドバイス

　一番強いポイントの「人間の労働を奪う」を最初に書きます。多くの労働者にとってロボットの開発は、今後ますます脅威を与えることになるとサポートしましょう。2つ目は、ロボットは人間のもつ優しさや愛情に欠け、「社会全体を無機質なものにする」というアーギュメントです。人間的な関わりを必要とする教育現場などの例を挙げ、サポートしましょう。

　皆さん、どうでしたか？ 以上で Chapter 6 は終わりです。お疲れさまでした。

　では、いよいよ次は実戦的アプローチでさらにエッセイ・ライティングのコツを学んでいく Chapter 7 が始まります！

　さあ、準備はいいですか？

# Chapter 7

## 総仕上げ
## 実践模試に
## チャレンジ！

# 実践問題にチャレンジ！

　それでは、ここからこれまで得た攻略法をフルに活用し、実践問題にチャレンジしていきましょう。準1級の試験では、2016年度第1回から英作文の傾向が変わり、それまでの比較的易しかったメール・ライティングからエッセイ・ライティングになりました。エッセイではさまざまな社会問題に関するトピックが扱われ、論理的思考で自分の意見を述べなくてはならず、受験者にとってはハードルがかなり高くなりました。このようなエッセイ・ライティングで安定した得点をゲットするためには、さまざまな社会トピックに慣れておくことが大切です。この章の実践問題トピックは第3章と同様、最も出題されやすい重要トピックばかりを厳選しました。しっかりと学習することで、ライティング力に必要な社会的背景知識の幅を広げ、英語発信力も同時に鍛えられるでしょう。

　各問題は次のような7つのプロセスで解説していきます。

↓

こう攻略しよう

↓

モデルアンサー

↓

満点突破攻略法

　まず「ワンポイントレクチャー」で適切に答えるための背景知識を養いましょう。次に「エッセイの添削」「添削の解説」では、英検の採点基準である「内容」「構成」「文法」「語法」の４つの観点から添削しているので（全て直すことは不可能なので必要最低限の添削にとどめています）、どの点を改善すべきかを一緒に考えながら読んでください。「エッセイの評価」で具体的なスコアを示しています。自分のエッセイと比較して、今後の弱点克服に活用してください。「こう攻略しよう」では Pro（賛成）／ Con（反対）のどちらの立場から書けば書きやすいかというアドバイスや、他のキーアイディアの例を挙げています。これらを参考にして社会問題に対する考え方の幅を増やすのに役立ててください。「モデルアンサー」では、強いアーギュメントや展開方法、そして関連語彙や正確な文法の運用方法をマスターしましょう。最後は「満点突破の極意」でエッセイ・ライティングのコツをマスターしましょう。

　では、まず前半４問にトライしていただきます。張り切って参りましょう！

# 01

## ワークシェアリングを奨励すべきか？

### ■ ワンポイントレクチャー

ワークシェアリング（work-sharing）とは、仕事を分担して一人当たりの労働時間を短縮することで、多くの雇用を生み出す（create more job opportunities）新しい働き方です。ヨーロッパでは実験的に導入されオランダなどのように実績を上げている国もあり、日本でも、政府主導で働き方改革（work style reform）が推進される中で注目を浴びていますが、日本独特の労働環境が根強く残っている（deep-rooted）ため導入は難しいとされています。しかし、超高齢化社会（super-aging society）の到来が目前に迫り、労働意欲（motivation to work）はあっても体力的な限界が理由で（due to their physical limits）躊躇していた高齢労働者が、ワークシェアリングによって新たな就業機会を得ることができるので、この働き方は大きく広がる可能性があるかもしれません。

ワークシェアリングの最大のメリットは、まずこのような雇用機会の拡大（increase in employment opportunities）が挙げられます。一人当たりの勤務時間や仕事の負担が少なくなることで、高齢者のみならず、出産前後や子供の世話（child-rearing）をする女性、親の介護と仕事とを両立せざるを得ない（have no choice but to work and take care of their parents）労働者も仕事を継続しやすくなり、大幅な雇用機会の増加が見込めるでしょう。企業にとっては、従業員の効率的な活用による生産性の向上や、労働者の賃金や手当などの人件費を抑える（decrease personnel costs）ことが可能です。

しかしながら、雇用の確保とはいっても、結局は低賃金労働者の数は増える（increase the number of low-income workers）ので、労働者間の所得格差（income gap）は広がる恐れがあります。賃金が下がることで、従業員は働く意欲をなくし、会社に対する帰属意識が薄れ（undermine a sense of belonging to their companies）、結果的には生産性も低下する可能性もあるでしょう。

では、これらのメリット、デメリットを参考にエッセイ・ライティング問題にチャレンジしましょう。

**TOPIC** **Agree or Disagree: Work-sharing should be promoted.**

**POINTS** Productivity / Labor costs / Working hours / Income disparity

■ キーワード解説

各キーワードが Pros（賛成）／Cons（反対）のどちらで使えるかを一緒に見ていきましょう。

## □ Productivity

これは Pro と Con 両方可能です。ワークシェアリングにより、会社は効率よく従業員を雇う（employ workers efficiently）ことができ、その生産性を高める（increase their productivity）ことが可能です。しかし、その一方で、社員は短時間労働により献身的に働く意欲が低下するので、生産性を損ねる可能性も指摘されています。

## □ Labor costs

これはどうですか？ ワークシェアリングで会社は人件費を削減できる（cut down on labor costs）ので、Pro のキーワードです。

## □ Working hours

両方で可能。Pro としては、ワークシェアリングで労働時間を短縮できること、Con では短い就労時間は労働者の会社に対する忠誠心を損なう（undermine workers' loyalty to their company）と言えます。

## □ Income disparity

Con です。ワークシェアリングは雇用機会を増やす反面、低所得者を多く生み、結果的には労働者の所得格差を広げる（widen income disparity among workers）といったデメリットがあります。

では、一緒に添削例を見てみましょう。

## ■ エッセイの添削

### → 賛成の意見

Different people have different ideas about work-sharing. I think that work-sharing should be promoted in Japan for the following two reasons.

First, ①many workers in Japanese companies are struggling with long working hours. ②Work-sharing contributes to ~~reduce~~ working hours.
　　　　　　　　　　　　　　　　　a reduction in

③I think that they will have more free time to relax and enjoy their life∧.
under this working system.

Second, ④the unemployment rate has been increasing in Japan. Work-sharing can reduce labor costs for companies so that they can ~~have~~ more workers.
　　　hire

⑤This system provides more job opportunities for ~~women who have to take care of a baby~~.
housewives with children and healthy elderly people.

In conclusion, for these reasons∧ I think that work-sharing
　　　　: a reduction in work hours and more job opportunities,
should be promoted in Japan.

---

### ■ 添削解説

　トピックに賛成のエッセイですが、**各パラグラフの1行目（キーセンテンス）が明確ではありません。**

　まず①で「日本の労働者は必死で長時間働いている」とありますが、これはキーセンテンスとして不適切で、**1行目には最大のメリットが書かれているべきです。**②「ワークシェアリングは労働時間を短縮する」がこのパラグラフのキーアイディアと言えますが、**内容的に弱いので以下のように修正するのがベターです。**

### Work-sharing promotes work-life balance because it prevents workers from working overtime.

（ワークシェアリングは労働者の超過勤務を防ぐので、ワークライフバランスを促進する）

> **文法チェック** ②の contribute to（〜に貢献する）の後は名詞形が来ることに注意。動詞の原形にするミスが非常に多いので要注意です。

第2パラグラフも、まず1行目（キーセンテンス）で2つ目のメリットを明確に書くべきところを、④「失業率が上がっている」のように答えており遠回しなわかりにくい文になっています。これはあくまでサポートであり、まずは⑤「ワークシェアリングは子供を持つ女性や、健康的な高齢者に仕事の機会を与える」のように述べてから、失業率のことに触れ「企業もワークシェアリングにより人件費を削減できて労働者をもっと多く雇える」と展開すべきでした。このように日本語で考えたことをそのまま英語にして並べても、それはまだ日本語的な発想が残ったままで答えになっていません。英語では「まず一番重要なポイント」から始め→「そのサポート」と展開させましょう。

### エッセイの評価

**内容**…**3点** **構成**…**2点** **語彙**…**3点** **文法**…**4点** **合計**…**12点**（16点満点中）

（パラグラフの展開がわかりにくいので「構成」の減点が大きいでしょう。）

### こう攻略しよう

賛成の場合は「働く機会を増やす（失業の防止）」「生産性が向上する」「企業は人件費を削減できる」「ワークライフバランスを促進する」、反対は「所得格差を生む」ことや、労働者の勤労意欲や会社への忠誠心を損なうため「生産性を下げる」をポイントにして、パラグラフを展開させましょう。このトピックは労働機会の拡大や、ワークライフバランスの維持が可能であることを考慮すると、賛成のほうが強いアーギュメントになるでしょう。

それでは、モデルアンサーを見てみましょう。

---

**高得点ゲット！** **Model Answer はこれだ！**

### → 賛成の意見

Some people say that work sharing should be promoted, while others say it should not. Personally, I think that work-sharing should be promoted in Japan for the following two reasons.

**Firstly,** work-sharing will decrease the unemployment rate. This is because many companies can hire more workers for lower wages and benefits. This system gives people, especially women with children and healthy elderly people, more job opportunities without full commitment to their work.

**Secondly,** work-sharing will increase companies' productivity because it allows them to utilize their staff more efficiently. For example, employees can concentrate on their work and maximize their potential without long working hours. Reduced labor time will result in much higher productivity.

**In conclusion,** for these two reasons: an increase in job opportunities and productivity, I think that work-sharing should be promoted in Japan.

---

**表現力をUPしよう！**

☐ benefits 福利厚生　☐ full commitment 常勤　☐ utilize ～を活用する
☐ maximize one's potential ～の潜在能力を最大限に発揮する
☐ result in ～をもたらす

---

[訳] ワークシェアリングを奨励すべきだと言う人もいれば、そうでない人もいる。個人的に私は以下の2つの理由により、ワークシェアリングはもっと奨励されるべきだと思う。

第一に、ワークシェアリングは失業率を減らす。なぜなら、多くの会社が従業員を安い賃金と福利厚生で雇用することが可能だからだ。このシステムは、特に子供を持つ女性や健康な高齢者のような人々に、常勤の必要なく多くの労働機会を与える。

第二に、ワークシェアリングにより、会社は従業員をより効率よく活用できるので生産性が増す。例えば、従業員は長時間勤務しないので仕事に集中し、自分の潜在能力を最大限に発揮できる。短縮された勤務時間ははるかに高い生産性を生む。

結論として、雇用機会と生産性の増加の2つの理由により、私はワークシェアリングはもっと奨励されるべきだと考える。

---

**高得点ゲット！** **Model Answer はこれだ！**

**→ 反対の意見**

Some people say that work-sharing should be promoted, while others say it should not. Personally, I don't think that work-sharing should be promoted in Japan for the following two reasons.

**Firstly,** work-sharing will widen the income disparity because companies increase the number of part-time workers. This system allows companies to reduce labor costs without employing more full-time workers. The income gap between workers will negatively affect the Japanese economy and cause serious social instability.

**Secondly,** work-sharing will decrease productivity and weaken the strength of the company. Since employees under this system work for a much shorter time, they will eventually lose motivation and dedication to their company due to reduced wages and benefits.

**In conclusion,** for these two reasons: widening the income gap and decreasing loyalty, I don't think that work-sharing should be promoted in Japan.

表現力をUPしよう！

□ income disparity[gap] 所得格差　□ labor cost 人件費
□ dedication 献身、やる気　□ social instability 社会不安

［訳］ ワークシェアリングを奨励すべきだと言う人もいれば、そうでない人もいる。個人的に私は以下の2つの理由により、ワークシェアリングは奨励されるべきではないと思う。

第一に、会社はパート従業員の数を増やすので、ワークシェアリングは所得格差を生む。会社はフルタイム従業員を多く雇用せずに人件費を削減できる。労働者間の所得格差は日本経済に悪影響を及ぼし、深刻な社会不安を引き起こす。

第二に、ワークシェアリングは生産性を下げ会社の力を弱める。このシステムでは従業員は非常に短い時間しか労働しないので、少ない賃金や福利厚生が原因でやる気や会社に対する献身性を失う。

結論として、所得格差を広げ、愛社精神を損なうという2つの理由により、私はワークシェアリングは奨励されるべきではないと考える。

満点突破攻略法

# 重要ポイントは
# 各段落の必ず１文目に書く！

# 02

## より多くの人が電気自動車に乗るようになるか？

### ■ ワンポイントレクチャー

　近年の悪化する環境破壊（environmental devastation）や高騰する石油価格（skyrocketing oil prices）、化石燃料の枯渇（depletion of fossil fuels）による将来的なエネルギー資源確保への懸念などから、次世代自動車（next-generation car）と言われる電気自動車やハイブリッドカーなどの環境に優しい自動車が注目を浴び、それまでのガソリンやディーゼルなど化石燃料を使用する自動車（化石燃料車）を、将来的に電気自動車に切り替える動きが世界各国で高まっています。

　電気自動車の最大のメリットはまず何よりも、排気ガス（exhaust fumes）を出す必要が無いため、二酸化炭素などの有害物質（toxic substances）が大気中に放出されないことです。温室効果ガスが生じないため、電気自動車は地球温暖化対策として有効と言えるでしょう。石油以外のエネルギーを使用するので、化石燃料という限りある資源の枯渇にも対処できます。電気自動車の維持費は安く抑えられ（save on maintenance costs for electric vehicles）、同じ距離を走行した場合のエネルギーコストを比較すると、電気自動車のほうが数倍安く（several times lower）すみます。この他、燃焼エンジン（combustion engine）を搭載していないので走行中は非常に静かなことや、車内も化石燃料車と比べると広々として乗り心地が良い（offer drivers a lot of comfort）などのメリットもあります。

　その一方で、電気自動車の一回の走行距離は、充電電池のバッテリー容量が少ない（small capacity of recharging batteries）ために短いことや、公共の充電設備（recharging facilities）がまだ十分に整備されていないこと、さらには電気自動車自体の価格が化石燃料車と比べて高いといったデメリットが挙げられ、本格的な実用化にはまだ時間がかかりそうです。

　それではこれらのメリット、デメリットを踏まえてエッセイ・ライティング問題にチャレンジしてみましょう。

> **TOPIC** **Will more people drive electric cars?**
>
> **POINTS** Environmentally friendly / Comfortable / Cost /
> Long-distance travel

## ■ キーワード解説

各キーワードが Pros（賛成）／ Cons（反対）のどちらで使えるかを一緒に見ていきましょう。

### □ Environmentally friendly

もちろん Pro でしょう。電気自動車は二酸化炭素を排出するガソリンで走らない（Electric cars don't run on gasoline.）ので環境に優しいという非常に強いアーギュメントです。

### □ Comfortable

どうですか？ これも Pro ですね。電気自動車は振動や騒音が少なく、快適な乗り心地を提供する（offer a comfortable ride）こともメリットです。

### □ Cost

これは両方です。反対意見として、電気自動車はガソリン車と比べると価格がまだ高く、消費者の意識も最近は昔と比べるとかなりエコ志向になりましたが（Consumers have become much more eco-conscious.）、環境に配慮して電気自動車にしたい気持ちはあっても、コストを考えてガソリン自動車を選んでしまう現実があるでしょう。賛成意見としては、燃料代や補助金などで電気自動車は長期的にみると総合的なコストは安く、これが大きなメリットとなるでしょう。

### □ Long-distance travel

Con です。電気自動車は現在のところ、ガソリン車と比べると長時間に及ぶ走行はできません（They can't make long-distance travel.）。この他には、充電スタンドの不足（shortage of filling stations）といったマイナス面が挙げられます。

それでは添削例を見てみましょう。

## ■ エッセイの添削

### → 賛成の意見

Different people have different ideas about electric cars. I think that more people should drive electric cars for the following reasons.

First, ①CO₂ emission of fossil fuels like gasoline are the main cause

**s が抜け**

of air pollution. ②~~Gas~~ from gasoline cars is the main cause of it.

**Exhaust gas[fumes]**

③In contrast, electric vehicles are environmentally friendly. ④Eco-friendly cars, ~~for example~~ hybrid cars, are also getting popular

**such as**

among drivers.

Second, electric cars have quiet motors and  comfortable ~~inside~~.

**offer a**　　　　　　　　**ride**

Compared with gasoline cars, they have more space

~~and don't have~~ a combustion engine. Drivers can enjoy

**without**

~~the calmness~~ and relax in the car.

**noiseless[quiet] interior**

In conclusion, for these reasons  , I think that more people should drive electric cars.

**: eco-friendliness and great comfort**

---

### ■ 添削解説

まずは First 以下のパラグラフですが、人々がどんどん eco-conscious になっている現状を説明したほうが良いでしょう。次に電気自動車のメリットを書くべきところを、①「ガソリンのような化石燃料による二酸化炭素の排出は大気汚染の主な原因となっている」と唐突に現在の環境問題の状況から始めてしまいました。続けて②「ガソリン自動車の排気ガスがその要因である」も同じようなことを繰り返しています。③で「その反対に電気自動車は環境に優しい」とポイントが述べられていますが、電気自動車がなぜエコなのかという肝心なポイントが欠如しているので **Electric vehicles are very environmentally friendly because they don't cause CO₂ emissions.** (電気自動車は二酸化炭素を排出しないので非常に環境に優しい) のようにします。

190

**文法チェック** ①の二酸化炭素の排出は emissions（複数形）にします。

④の for example 使い方に注意。このように名詞を列挙する場合は、添削のように such as を用います。for example を使う場合は、後ろに S ＋ V（文章で書かれた具体例）を伴います。

Second 以下は、1 行目にキーセンテンスが書かれていて、電気自動車のもうひとつのメリット「音が静かで快適な乗り心地」が述べられており良かったです。キーセンテンスは次のように明確するとさらに得点アップです。

## Electric cars can offer a comfortable ride in a roomy interior with excellent noise resistance.

（電気自動車は、車内が広々としていて、騒音もすばらしく制御されており、快適な乗り心地を提供する）

**エッセイの評価**

内容 … **3 点** 構成 … **3 点** 語彙 … **3 点** 文法 … **3 点** 合計 … **12 点**（16 点満点中）

（1 つ目のポイントがあいまいなところが減点ポイントになるでしょう。複数形のミスや単語の運用ミスが目立ちました）

## こう攻略しよう

電気自動車に関しては、賛成は「環境に配慮している」「長期的には維持費は安い」「静かで快適な乗り心地」、反対は「コストが高い」「利便性が悪い」ことを軸に展開します。

このトピックは、環境に優しいことや電気自動車の開発が急速に進んでいる現状を考慮すると Pro のほうが書きやすいでしょう。

それではモデルアンサーを見てみましょう。

---

**高得点ゲット！** **Model Answer はこれだ！**

**→ 賛成の意見**

It is often said that $CO_2$ emissions by gasoline-powered cars are a major cause of environmental pollution. Under the circumstances, I think that more people will drive electric cars for the following two reasons.

**Firstly,** people are becoming more and more eco-conscious in the world. People are aware that increased use of gasoline-powered cars in modern society has caused serious environmental degradation due to toxic substances in their exhaust fumes. Therefore, more and more people will likely drive very environmentally friendly electric cars which do not emit $CO_2$.

**Secondly,** maintenance costs for electric cars are much lower than those of gasoline-powered cars. The fuel costs of electric cars are several times lower than those of gasoline-fueled cars. Since electric cars don't have a combustion engine on board, drivers can also save money on nondurable parts such as an engine oil and oil filter.

**In conclusion,** for these two reasons, growing eco-consciousness and low maintenance costs, I think that more people should drive electric cars.

---

表現力をUPしよう！

- □ environmental degradation 環境悪化 □ toxic substance 有害物質
- □ exhaust fume 排気ガス □ maintenance cost 維持費
- □ gasoline-fueled[powered] car ガソリン車
- □ have a combustion engine on board 燃焼エンジンを搭載する
- □ nondurable part 消耗品

---

[訳] ガソリン自動車による二酸化炭素排出が環境汚染の主因であるとよく言われる。そのような状況において、私は以下の2つの理由により、より多くの人が電気自動車を運転するようになると考える。

第一に、世界中の人々が、ますます環境を意識するようになっている。現代社会でのガソリン自動車使用の増加は、排気ガスに含まれる有害物質により環境破壊を引き起こすと、人々は気付いている。したがって、ますます多くの人が、二酸化炭素を排出せず、環境に優しい電気自動車を運転するようになるだろう。

第二に、電気自動車の維持費はガソリン車よりはるかに安い。電気自動車の燃料費はガソリン車より数倍も安いのだ。電気自動車は燃焼エンジンを搭載していないので、ドライバーはエンジンオイルやオイルフィルターのような消耗品に使うお金を節約もできる。

結論として、環境意識の高まりと安い維持費という2つの理由により、私はもっと多くの人が電気自動車に乗るべきだと考える。

---

**高得点ゲット！** **Model Answer はこれだ！**

### → 反対の意見

There is a growing environmental awareness in the world. However, I don't think that more people will drive electric cars for the following two reasons.

**Firstly,** the initial costs for electric vehicles are still much higher than those of gasoline-powered cars. Since most electric vehicles are usually more expensive than gas-fueled cars, many consumers don't think they can afford to buy one.

**Secondly,** it is very inconvenient for people to drive electric cars. For example, there are not enough filling stations, though electric vehicles require constant charging. Also, electric cars still have much lower mileage than gasoline-fueled cars because the batteries for electric vehicles are not still capable enough for long distance-travel.

**In conclusion,** for these two reasons: high cost and great inconveniences, I don't think that more people should drive electric cars.

表現力をUPしよう！

□**filling station** 充電スタンド（充電する場所）　□**mileage** 走行距離

［訳］世界中で環境意識の高まりが見られる。しかしながら、私は以下の2つの理由から、より多くの人が電気自動車を運転するようになるとは思わない。

第一に、電気自動車の初期費用はガソリン車よりはるかに高い。ほとんどの電気自動車はたいていガソリン車よりも値段が高いので、多くの消費者は買う余裕がないと感じている。

第二に、電気自動車に乗るのは不便だ。例えば、絶えず充電する必要があるのに、十分な充電スタンドがない。また、電気自動車は充電池の容量が長距離走行できるほどではないのでガソリン車に比べて走行距離が短い。

結論として、コストの高さと不便さという2つの理由により、私は多くの人が電気自動車に乗るべきだとは思わない。

満点突破攻略法

# 解答のポイントがずれないようにする！キーアイディアを述べそのサポートも忘れずに！

# 03

## 能力給制をもっと奨励すべきか？

### ■ ワンポイントレクチャー

「年功序列制」(seniority system) や「能力給制」(performance-based pay system) などの給与制度は、経済分野における「労働問題」での最重要トピックのひとつです。日本では高度経済成長期 (high-growth period of the Japanese economy) に、多くの企業が労働力確保のために年功序列制を導入しました。この給与制度では、勤続年数 (length of service) や年齢に応じて給与やキャリアがアップするため、社員は会社への帰属意識 (sense of belonging) を高め、少々会社に不満を抱いていても将来の出世を見込んで大半は転職をせず、企業は安定した労働力を維持できました (maintain stable workforce)。しかしその一方で、近年は社員の高年齢化によって人件費が増大し、勤続年数が長いからといって必ずしも生産性が高いわけではないという認識が広まってきました。そこで、年功序列制を見直し、能力給制を取り入れようとする (adopt the performance-based pay system) 動きが現れ始めたのです。

それまでの年功序列制とは異なり、能力給制では、業務の成果と過程によって社員は評価され、それが給与に反映されます。業績に見合った給与は社員の労働意欲を大いにかきたて、彼らの生産性も向上させるので、結果的に会社の利益を増加させます。また、それが社員のモチベーションを高め、自己啓発 (personal empowerment) や自己鍛錬、自己のスキルアップをはかる (update their job skills) 社員が増え、個々の仕事の能力も向上します。

その一方で、能力給制では業績で評価が決定するので、社員同士の足の引っ張り合い (get in each other's way) や手柄争い (fight over credit) が起きやすく、結果的に企業を弱体化させる (undermine strength of a company) デメリットも指摘されています。社員はどうしても個人プレーに走りがち (perform a one-man show) で、連帯意識が損なわれ (weaken solidarity among workers) 職場の雰囲気が悪化するでしょう。

それでは、これらのポイントを踏まえてエッセイ・ライティング問題にチャレンジしましょう！

> **TOPIC** ## Should the performance-based pay system be promoted?

> **POINTS** Motivation / Loyalty / Productivity / Job skills

## ■ キーワード解説

各キーワードが Pros（賛成）／ Cons（反対）のどちらで使えるかを一緒に見ていきましょう。

### □ Motivation

これは Pro ですね。能力給制（performance-based pay system）により社員はモチベーションが上がり一生懸命働く（increase workers' motivation to work harder）という非常に強いアーギュメントになります。

### □ Loyalty

Con です。年功序列制（seniority system）と比べると、能力給制では頑張っても業績が悪いと評価が下がるので、社員の会社に対する忠誠心や貢献を弱める（undermine workers' loyalty and dedication to the company）でしょう。

### □ Productivity

これはどうですか？ Pro ですね。能力給により仕事の効率や生産性が上がる（enhance work efficiency and productivity）という非常に強いアーギュメントになります。

### □ Job skills

両方に使えます。能力給制では社員はいつも自分のスキルを磨いておく（upgrade their job skills）必要があり、このような社員のスキルアップが企業の競争力（competitive edge）を向上させます。年功序列制では、社員は長期的な労働を通じて徐々にスキルを身につける（acquire job skills gradually）ことが可能でしょう。

それでは、さっそくエッセイの添削例を見てみましょう。

## ✏️ エッセイの添削

### → 賛成の意見

Different people have different ideas about performance-based pay system. I think that performance-based pay system should be promoted for the following two reasons.

Firstly, ①many companies keep the seniority system in Japan. ②This means that however hard they work, workers ~~promote~~ based
**are still promoted**

on the length of their service. ③This ~~has not increased~~ their motivation
**can undermine**

for work, so ~~we~~ have to use the performance-based pay system.
**companies**

Secondly, ④job promotion ∧ encourages workers to work harder.
**based on performance**

⑤~~Almost~~ workers want to receive higher salaries. ⑥They will also try
**Almost all / Most**

to do more difficult jobs, which can increase profits and productivity for companies.

In conclusion, for these reasons, I think that performance-based pay system should be promoted.

### ■ 添削解説

　まず Firstly から読んでみてどう感じましたか？「能力給」の賛成理由を答えていないことに気づいたでしょうか？ パラグラフの1行目は非常に大切で、①では、例えば「能力給制は会社の生産性を多いに高める」「高いスキルを持つ労働者を増やすので国の経済力アップにも貢献する」のような強く明確なキーアイディアが書かれているべきところを、「多くの企業は年功序列制を取り入れている」と論点が全くそれてしまいました。これはイントロに使うような情報です。②でも能力給のメリットはどこかへ行ってしまい「どんなに一生懸命働いても就労期間の長さで昇進が決まる」③「このことは社員のモチベーションを弱めるので、能力給制にすべきだ」と、長い前置きの後、やっと間接的にポイントが述べられており弱い主張となっています。結局は「能力給制実施」の強いメリットが明記されておらず、その分減点されるでしょう。

　Secondly 以下、④ですが「昇進することは労働者を一生懸命働かせる」は能力給制に限らず年功序列制でも当てはまるので、添削例のように Job promotion <u>based on</u>

196

performance（能力に基づく昇進）と限定すべきです。⑥で「もっと大変な仕事もするようになり会社の利益や生産性も高める」とあり、このアイディア自体は悪くないのですが、能力給制が生産性を高めることはひとつ目のパラグラフと内容が重複するので、得点にはカウントされません。ここは別のメリットを出して展開していくべきでした。**このような「キーアイディアの重複ミス」が多いので要注意です！ ２つのアイディアは必ず異なるカテゴリーにします。**

**文法チェック**　⑤ almost は副詞なのですぐ後ろに名詞を置くことはできません。「ほとんどの労働者」は almost all workers もしくは most workers とします。

### エッセイの評価

**内容** … **2 点** **構成** … **2 点** **語彙** … **3 点** **文法** … **2 点** **合計** … **9 点**（16 点満点中）

　（ひとつ目の論点がそれている点、２つのアイディアの重複で減点されるでしょう。almostのような基本的な文法ミスを直しましょう。④ encourage は得点源になります。）

### こう攻略しよう

　このトピックは、近年のグローバル化の影響による国際間の競争が激化していることを背景に、企業は有能な人材確保が可能で、業務の効率や生産性を高められる「能力給制」に賛成するほうが、説得力があると言えます。メリットとしては「会社の生産性が上がる」「経済成長を促進する」「社員の仕事に対する達成感や満足感が上がる」を挙げましょう。

　反対ならば「所得格差を悪化させる」「協力精神を損ね企業を弱体化する」「経済を不安定にする」というキーアイディアでパラグラフを展開させましょう。

　それでは、モデルアンサーを見てみましょう。

---

**高得点ゲット！** **Model Answer** はこれだ！

#### → 賛成の意見

　It is often said that the performance-based pay system should be promoted. Personally, I think that the performance-based pay system should be promoted for the following two reasons.

　**Firstly,** job promotion based on performance will increase companies' productivity. It encourages employees to work harder for job security. They will also try hard to update their job skills to receive higher rewards. Increased work efficiency of workers will contribute to companies' overall profits.

**Secondly,** the performance-based promotion system will give workers higher job satisfaction than the seniority system. Salaries corresponding to performance lead to higher motivation and a great sense of accomplishment, which will enhance their quality of life.

**In conclusion,** for these two reasons: higher productivity and job satisfaction, I think that performance-based pay system should be promoted.

表現力をUPしよう！

□ job security 職業の安定　□ update one's skills スキルを常に磨く
□ corresponding to ～に相当する　□ a sense of accomplishment 達成感

［訳］能力給制を奨励すべきだとよく言われる。個人的に私は以下の2つの理由により、能力給制がもっと奨励されるべきだと考える。

第一に、業績による昇進は会社の生産性を高める。それにより従業員は職の安定を求めて一生懸命頑張る。彼らはまた、より高い報酬を得るために常にスキルを磨く努力をする。労働者の高い仕事の効率性は、会社全体の収益アップにつながる。

第二に、能力給制では労働者は年功序列制よりも高い仕事の満足感が得られる。業績に応じた給与は高いモチベーションと大きな達成感につながり、それは彼らの生活の質を高める。

結論として、高い生産性と仕事の満足感という2つの理由により、私は能力給制がもっと広まるべきだと考える。

---

高得点ゲット！ **Model Answer** はこれだ！

### → 反対の意見

It is often said that the performance-based pay system should be promoted. Personally, I don't think that the performance-based pay system should be promoted for the following two reasons.

**Firstly,** job promotion based on performance will undermine the strength of companies, because this system will weaken mutual support among workers and their loyalty to the company. Team spirit is essential for higher work efficiency and productivity especially in Japan.

**Secondly,** performance-based job promotions will widen income gaps among workers, because they will decrease the number of middle-income workers, while increasing the number of high-income and low-income workers. This income differences will strike a heavy blow to the entire economy, increasing social inequality and instability.

**In conclusion,** for these two reasons: a decline in companies' strength and a wider income disparity, I don't think that performance-based pay system should be promoted.

> **表現力をUPしよう！**

- □ mutual support 互いのサポート　□ team spirit 団結心
- □ work efficiency 仕事効率　□ strike a heavy blow かなりの打撃を与える
- □ instability 不安定　□ income disparity 所得格差

[訳] 能力給制を奨励すべきだとよく言われる。個人的に私は以下の2つの理由により、能力給制が奨励されるべきでないと考える。

第一に、業績による昇進は会社の力を衰退させる。なぜならば能力給制により社員は互いのサポートや会社に対する忠誠心を弱めてしまうからだ。特に日本では、団結心が仕事の高い効率性には不可欠だ。

第二に、能力給制は労働者間の所得格差を広げる。なぜなら、能力給制は高所得者と低所得者を増やす一方で中所得者を減らすからだ。このような所得格差は経済全体に大きな打撃を与え、社会的不平等や社会不安を増加させる。

結論として、企業力の低下と所得格差の拡大という2つの理由により、私は能力給制が広まるべきでないと考える。

### 満点突破攻略法
# 2つのキーアイディアが重複しないように注意！

# 04 すべての印刷メディアは やがて電子メディアに取って代わられるか？

## ■ ワンポイントレクチャー

「印刷メディア (printed media) が電子メディア (electronic media) に取って代わられるか」はメディア分野の最重要トピックのひとつで二次面接試験でも扱われます。2000 年以降の急速な情報と通信技術の発展 (rapid development of IT and communication technology) はメディアの多様化に拍車をかけ、常時オンライン接続 (24-hour Internet access) 可能で気軽に持ち運びできるタブレット型端末やスマートフォンの普及により、電子書籍の売り上げは近年急増しています。このような現状を踏まえると、重くて持ち運びに不便な紙媒体は時代遅れになり近い将来消えてなくなってしまう (Printed media will become obsolete and completely disappear in the future.) のでしょうか。

電子メディアの大きなメリットとして挙げられるのは、紙を使用せず、書店までの運搬 (transportation to book stores) の必要もなくエネルギー消費を抑制できる (curb energy consumption) ので環境に優しい点です。ひとつの電子書籍リーダーに膨大な書籍データを所有でき (have enormous book data)、軽量で持ち運びも楽である利便性 (great convenience) も大きな魅力でしょう。

一方で、電子表示によるストレス (stress from electric display) や目の疲れや肩こりによる不快感が原因で、根強い紙媒体ファン (die-hard fans of printed media) がまだまだ多くいます。ある研究では、電子メディアを使うよりも紙の書籍で勉強するほうが、記憶力が増し (increase retention) 学習に向いているというデータもあります。

ではこれらを踏まえた上でエッセイ・ライティングにチャレンジしましょう！

> **TOPIC** **Agree or Disagree: All printed media will be replaced by electronic media.**
>
> **POINTS** Environmental protection / Health risks / Transportation / Value

## ■ キーワード解説

各キーワードが Pros（賛成）／Cons（反対）のどちらで使えるかを一緒に見ていきましょう。

### □ Environmental protection

これは Pro です。電子メディアは紙を使用しないので環境保護を促進する（promote environmental protection）という非常に強いアーギュメントになります。

### □ Health risks

Con ですね。電子メディアの使いすぎは、眼精疲労（eyestrain）や肩こり（stiff shoulders）といった健康上のリスクを引き起こします。

### □ Transportation

どうですか？ Pro ですね。電子メディアは紙媒体と違って輸送する手間やコストが省けるのでエコだと言えます。

### □ Value

これはどうでしょう？ Con ですね。印刷メディアは室内装飾の一部となる美的価値（aesthetic value）があります。他に、紙とインクの印刷文化として電子メディアにはない有形の資産価値がある（Printed media has a tangible asset value that is lacking in electronic media.）というアーギュメントも可能です。

それでは添削例を見てみましょう。

## ◢ エッセイの添削

### → 賛成の意見

I agree with the idea that all printed media will be replaced by electronic media for the following reasons.
First, ①printed media uses wood pulp, so if we reduce the amount of paper consumption, it leads to environmental protection.
→ electronic media contributes to environmental protection because it doesn't use paper.（ストレートに述べる）

201

② It ~~is one of the solution to stop the destruction of~~ natural forest.
　　　　　　can decrease the damage to

Second, ③ books are ~~pretty~~ heavy and ~~bulk~~.
　　　　　　　　　　very　　　　　　　bulky

④ When we go on a trip taking some books, our bag becomes heavy.

⑤ But, if we have electronic media, we can carry a lot of books ~~in it~~.

⑥ It is very handy and ∧ no health risks like causing stiff shoulders.
　　　　　　　　　　has

In conclusion, for these reasons ∧ , I think that all printed media
　　　　　　　　　: environmental protection and convenience

will be replaced by electronic media.

■ 添削解説

　このエッセイは全体的に内容がぼやけた印象で、電子書籍に賛成する立場であるのにもかかわらず、展開が紙媒体のデメリットにフォーカスしているため、すべて「裏返し」で書かれており非常に残念です。肝心なことをはっきり表現しない日本人の悪いクセが出てしまった典型的な例です。同じようなミスをする受験者は意識して直すように心がけましょう。

　まず、イントロはこのままだと不十分なので、最初に It is a controversial issue whether or not all printed media will be replaced by electronic media. (すべての紙媒体は電子メディアに取って代わられるかどうかはよく議論の的になる) を加筆しましょう。

　①で「紙媒体はパルプを使うので、紙の使用を減らせば環境保護につながる」とありますが、これは電子メディアのメリット「紙の使用がないのでエコである」の裏返しだと気づきましたか？ これでは遠回し過ぎてキーセンテンスとして不適切です。ここは添削例で修正しているように First, electronic media contributes to environmental protection because it doesn't use paper. (電子メディアは紙を使わないので環境保護に貢献する) とストレートに表現します。しかし、これだけでは、電子メディアが取って代わる理由として弱いので、With a growing eco-consciousness among many people, electronic media will eventually replace all printed media. (環境保全の意識が高まっているので、いずれ電子メディアが紙媒体に取って代わるだろう) とします。

　次のパラグラフですが、③「（紙の）本は重くてかさ張る」④「旅行に行ったらカバンが重くなってしまう」も、前と同様に肝心の電子メディアのメリット「軽くて持ち運びが便

利である」が**表現されておらず、明確さに欠けています**。⑤の文脈「電子メディアはたくさんの本を持ち運びできる」が強いアーギュメントとして成立するので、これを1行目に書くべきでした。⑥は「健康のリスクがある」とまた別のアイディアを書いてしまっています。このパラグラフはあくまで「利便性」がポイントなので、**このように別情報を追加しないように注意が必要です**。

> ▰ 文法チェック   ③ pretty（非常に）は口語なので、エッセイでは避けましょう。

### エッセイの評価

**内容** … **2点** **構成** … **3点** **語彙** … **3点** **文法** … **3点** **合計** … **11点**（16点満点中）

（論点がそれて解答になっていない点が減点されるでしょう。ワード数が少ないので全体的な評価も比例して低くなります。）

### こう攻略しよう

　賛成の場合は、紙の消費を著しく減少させ、大量の本の輸送に伴う温室効果ガスの削減にも貢献するので「非常にエコである」ことや、軽量で大量のデータを持ち運べる「利便性」、紙媒体より「コストが安い」ことを述べます。

　反対の場合は、印刷メディアは電子メディアが引き起こすような「電子機器による目の疲れや肩こりを引き起こさない」、室内装飾の一部にもなる「美的価値を持つ」、「有形の資産価値がある」ことを挙げて展開しましょう。

　このトピックは、根強い紙媒体ファンもいますが、アーギュメントとしては賛成のほうが強いです。

　では以上の点を踏まえて、モデルアンサーを見てみましょう。

---

### 高得点ゲット！ Model Answer はこれだ！

#### → 賛成の意見

　It is a controversial issue whether or not all printed media will be replaced by electronic media. Personally, I agree with the idea that all printed media will be replaced by electronic media for the following reasons.

　**Firstly,** electric media promotes environmental protection which is increasingly more important as it doesn't require paper for books. Reduced paper consumption will help preserve timber resources in the world, which have been decreasing for centuries.

The use of electronic media can also reduce environmental pollution caused by the transportation of huge numbers of books.

**Secondly,** electronic media is very convenient. It can eliminate the burden of carrying a lot of books. Since e-books can be downloaded online, people don't have to go to bookstores. All of these conveniences will attract many more consumers to electronic media in the future.

**In conclusion,** for these two reasons: environmental protection and greater convenience, I think that all printed media will be replaced by electronic media.

---

**表現力をUPしよう！**

□ timber resource 森林資源　□ environmental pollution 環境汚染
□ eliminate the burden of ～の負担をなくす

---

［訳］すべての印刷メディアが電子メディアに取って代わられるかどうかはよく議論の的になっている。個人的に私は以下の2つの理由から、すべての印刷メディアは電子メディアに取って代わられるという考えに賛成だ。

第一に、電子メディアは本に紙を必要としないので環境保護を促進する。紙消費の削減は、何世紀にもわたって減少している森林資源の保護に役立つ。電子メディアの使用はまた、数多くの書籍輸送により引き起こされる環境汚染を減らす。

第二に、電子メディアは非常に便利である。それは、たくさんの本を運ぶ負担をなくす。ネットでダウンロードできるので、人は本屋に行く必要はない。これらの利便性のすべてが、将来的にもっと多くの消費者を電子メディアに引き込むだろう。結論として、環境保護と優れた利便性の2つの理由から、私はすべての印刷メディアは電子メディアに取って代わられると思う。

---

**高得点ゲット！** **Model Answer はこれだ！**

### → 反対の意見

It is a controversial issue whether or not all printed media will be replaced by electronic media. Personally, I don't agree with the idea that all printed media will be replaced by electronic media for the following reasons.

**Firstly,** people are concerned about health risks. They often suffer from eyestrain and stiff shoulders from the use of high-tech devices such as smart-phones and tablet computers. This will discourage people from using electronic media.

**Secondly,** printed media has such an aesthetic value and appeal that it can become part of interior decorations. Books with beautiful covers can add grace to a room, and academic books can create an intellectual atmosphere. Many people like to display them as an addition to the room decoration.

**In conclusion,** for these two reasons: the health risks of electronic media and the aesthetic value of printed media, I don't think that all printed media will be replaced by electronic media.

---

**表現力をUPしよう！**

☐ eyestrain 目の疲れ　☐ stiff shoulders 肩こり
☐ high-tech device ハイテク機器　☐ aesthetic value 美的価値
☐ add grace 優雅さを加える　☐ intellectual atmosphere 知的な雰囲気

---

［訳］すべての紙媒体は電子メディアに取って代わられるかどうかはよく議論の的になっている。個人的に私は以下の2つの理由から、すべての紙媒体は電子メディアに取って代わられるという考えに反対だ。

第一に、人は健康上のリスクを危惧している。彼らは、スマホやタブレット型コンピュータのようなハイテク機器使用による眼精疲労や肩こりによく悩まされている。このことにより電子メディア利用を思いとどまるだろう。

第二に、印刷メディアは室内装飾の一部にもなる美的価値と魅力を持つ。美しい表紙を持つ書籍は部屋を優雅に飾り、学術書は知的な雰囲気を作り出す。多くの人が、部屋の装飾としてそれらを飾る。結論として、電子メディアの健康リスクと紙媒体の美的価値という2つの理由から、私はすべての印刷メディアは電子メディアに取って代わられることはないと思う。

# 満点突破攻略法
# ポイントは関連の強い例でサポートする！

　さて、これで前半の4題は終わりです。いかがでしたか？　たいへんお疲れさまでした。身近なトピックもあったかもしれませんが、普段考える機会がなく難しく感じたトピックもあったかと思います。アイディアが思い浮かばない場合は、まずは日本語で考えていいので、そこから少しずつ負荷を高めて英語で意見を発信できるようにステップアップしていきましょう。

　それでは後半の4問です。前半よりも少し難易度は上がりますが焦らずにこつこつ進めることが大切です。それでは気合いを入れてがんばりましょう！

205

# 05 在宅ワークは今後もっと普及するか?

## ■ ワンポイントレクチャー

日本では長期にわたり長時間労働を美徳とする企業風土 (corporate culture) や、労働に関する独特の価値観が個人間でも根強く息づいていますが、加速するグローバル化 (accelerating globalization) の影響下で激しく変化するビジネス環境や、熾烈な企業間競争 (harsh competition among companies) に対応するため、無駄を省き生産性や効率性を大幅に高める働き方の改革 (work style reform) の必要性が叫ばれています。

在宅勤務 (テレワーク) (telecommuting) は、パソコンや IT の飛躍的な進展と普及により、このような高度情報化社会 (advanced information society) に対応し、時間や場所の制限を受けずにいつでもどこでも仕事ができる革新的な働き方です。政府は、少子高齢化 (aging population with fewer children) による労働力低下に歯止めをかけ、女性の社会進出 (women's empowerment) や男性の育児参加 (participation in child rearing) を促進するため、近い将来には在宅ワークを導入する企業数を今の約 3 倍にすることを目指し、中小企業に助成金交付を行う (provide government subsidies) など積極的にサポートしています。

在宅勤務のメリットは、仕事と家事との両立 (handle both a career and housework) がしやすいことです。社員は自宅で作業できるため、子育てや年老いた親の介護をしながら働けます。少子高齢化が進む日本では、まさに時代の変化に適応した理想的な働き方なのかもしれません。他には、長い通勤時間や対人関係によるストレスが軽減される (reduce stress from interpersonal relationships) ことや、ワークライフバランスが保てる (maintain work and life balance) といったメリットもあるでしょう。

しかしその一方で、特に日本では仲間意識 (group feeling) やチームワークが重視され、孤独な在宅ワークは生産を低下させるという懸念が企業には根強くあることや、社内勤務と比べると労務管理が困難であること、職務評価 (job evaluation) が難しいというデメリットがあります。

では、これらを参考に、エッセイ・ライティング問題にチャレンジしましょう!

**TOPIC** **Will more employees work from home in the future?**

**POINTS** Work schedule / Aging parents / Self-discipline /
Group harmony

## ■ キーワード解説

各キーワードが Pros（賛成）／ Cons（反対）のどちらで使えるかを一緒に見ていきましょう。

### □ Work schedule

これは両方で可能で、まずは flexible work schedule（柔軟なワークスケジュール）として賛成側で使えます。インターネットの普及により、今後はもっと多くの労働者が通勤せずに在宅ワークが可能でしょう。柔軟性のあるスケジュールは現代の様々なライフスタイルに適応できる（The flexible work schedule is adaptable to various lifestyles.）ので、在宅ワークは今後さらに増加するという強いアーギュメントになります。反対としては、企業は在宅勤務者のワークスケジュールを 100% 把握できないので、職務査定に支障をきたすことが挙げられるでしょう。

### □ Aging parents

どうですか？ Pro です。今後はますます高齢化社会が進み、介護士不足（shortage of care-givers）もさらに深刻になるので、なおさら在宅ワークをしながら年老いた親の介護をする労働者の増加が予測される、のように展開できます。

### □ Self-discipline

Con です。在宅ワークに自己管理能力は必須（Self-discipline is crucial.）ですが、監視のない自由で孤独な環境においては、生産性が損なわれるという見方が企業にはまだ根強くあり、在宅ワークが普及しない理由のひとつにもなっています。

### □ Group harmony

こちらも Con でしょう。特に欧米と比べ、日本では共同作業や集団の調和（group harmony）が重要視されているため、個人プレー的な在宅ワークは今後も普及が難しいというアーギュメントになります。

では添削例を見てみましょう。

## ◢ エッセイの添削

### → 賛成の意見

Different people have different ideas about working from home. I think that more employees will work from home for the ~~two main~~ reasons. *the following two*

Firstly, ①many employees will feel less stress if they can work from home.

②They don't have to get up early to go to work. *commute to work にして得点アップ！*

③They can spend more time with their families. ④They can also work at their own pace.

Secondly, ⑤if they have small children or aging parents, they can take care of them ~~during they work from home~~. *while they are working from home / while working from home*

⑥They have a ~~free~~ work schedule, so they can pick up their children *flexible*

from school in the afternoon or take their old parents to a hospital when necessary.

In conclusion, for these reasons, I think that more employees will work from home in the future.

---

### ■ 添削解説

このトピックは未来のことを問うパターンで、「予測型」の理由を書かないと論理がそれてしまうので注意が必要です。では一緒に見ていきましょう。

賛成の立場で書かれていますが、将来的に在宅ワークが増えると予測できる根拠を述べているでしょうか。残念ながら①「在宅ワークで社員はストレスが少ない」、②「通勤に早起きしなくてよい」は理由としては弱く、「通勤のストレスが少ない」ならばよくなります。また、③「もっと家族と時間が過ごせる」、④「自分のペースで仕事ができる」はいいのですが、それを望む人が増えている、としないといけません。「コンピュータテクノロジーの発展により、在宅ワークは今よりもっと可能になる」のように、今後さらに便利になる労働環境をポイントにしてパラグラフを展開させると良いでしょう。

Secondly 以下はどうでしょうか。⑤「小さな子供や高齢の親がいる場合は彼らの世話ができる」や⑥「融通がきくスケジュールなので子供を迎えにいったり親を病院に連れて行けたりする」も前のパラグラフと同じく、在宅ワークのメリットを述べているだけで

はなく、「将来はますます高齢化社会が進むと予想されるので、親の介護責任を負う労働者が在宅ワークに転じるであろう」のような、今後の高齢化社会の影響を予測した英文を書くと良くなります。このように「未来予測型」トピックは論点がそれやすいので要注意です！

**文法チェック** ⑤ during は前置詞なので後ろに S ＋ V を置くことはできません。この場合は while they are working from home とします。

## エッセイの評価

**内容** … **2 点** **構成** … **3 点** **語彙** … **3 点** **文法** … **3 点** **合計** … **11 点**（16 点満点中）

（答えになっていないのでかなりの減点でしょう。「通勤する」は go to work の代わりに commute to work にすると得点がアップします。また、基本的な文法ミスを直しましょう。）

## こう攻略しよう

在宅ワークが今後普及するかという「未来予測型」の賛成意見としては、「インターネットの普及・発達によりわざわざ会社に行く必要がなくなる」「少子高齢化による老人増加と、介護者不足のため、在宅ワークをして親の面倒をみる労働者が増える」といったキーアイディアが必要です。

反対意見としては、企業にはまだ在宅ワークに対して「社員の生産性への根強い懸念」があり、これはすぐには変わらないことを述べます。加えて、「労働時間の管理が困難」であることや、接する時間が少ないので「人事査定がやりづらい」こと、在宅での「情報セキュリティの確保が難しい」ことなども反対要因として挙げられるので、これらを軸に展開します。

それでは、モデルアンサーを見てみましょう。

## 高得点ゲット！ Model Answer はこれだ！

### → 賛成の意見

Different people have different ideas about telecommuting. I think that more employees will work from home in the future for the following two reasons.

**Firstly,** the development of computer technology will allow more employees to work from home. For example, workers can have teleconferences at home, and they can exchange e-mails or video-chat to keep track of their daily progress online.

**Secondly,** working from home will meet the increasing needs of many workers who have to take care of their aging parents at home. This is because telecommuting allows workers to have more freedom with flexible work schedules, so they can take their elderly parents to a hospital or look after them when necessary. Telecommuting will be much more common in a rapidly aging society.

**In conclusion,** for these two reasons: the development of computer technology and greater work flexibility, I think that more employees will work from home in the future.

**表現力をUPしよう！**

□telecommuting 在宅勤務　□teleconference テレビ会議
□keep track of ～を把握する

[訳] 在宅ワークに関してはさまざまな意見がある。私は以下の2つの理由により将来的に在宅勤務をする労働者がもっと増えると考える。

第一に、コンピュータテクノロジーの発展によりもっと多くの労働者が在宅勤務できるようになるからだ。例えば、家でテレビ会議ができたり、日々の進捗を把握するのにメールをやり取りしたりビデオチャットができる。

第二に、在宅ワークは家で高齢の親の面倒を見なくてはならない労働者の高まるニーズに合致する。なぜなら在宅勤務により、労働者は柔軟なスケジュールでもっと多くの自由が与えられるので、必要な時は年老いた親を病院へ連れて行ったり世話ができるからだ。急速に高齢化の進む社会において在宅勤務はますます一般的なものになるだろう。

結論として、コンピュータテクノロジーの発達とすぐれた柔軟性という2つの理由から、私は在宅勤務をする労働者が今後もっと増えると考える。

## 高得点ゲット！　**Model Answer** はこれだ！

### → 反対の意見

It is often said that more people will work from home in the future. I don't think that more employees will work from home in the future for the following two reasons.

**Firstly,** most companies are reluctant to adopt the telecommuting system because they're concerned about a decline in their employees' productivity.

Without self-discipline, workers can get distracted from work in a home full of distracting things such as TV and the Internet. Lack of supervision will undermine their overall productivity.

**Secondly,** most companies have staff management and job evaluation difficulties. For example, it is difficult for companies to manage the working time of their telecommuting workers without a fixed work schedule. Job evaluation is also difficult because they can't observe workers' job performance.

**In conclusion,** for these two reasons: productivity decline and difficulty in staff management and job evaluation, I don't think that more employees will work from home in the future.

---

表現力をUPしよう！

- □ reluctant to ～に乗り気でない　□ self-discipline 自制心
- □ get distracted from ～から気が散る　□ supervision 監督、管理
- □ job evaluation 勤務査定

［訳］将来はもっと多くの人が在宅ワークをするとよく言われる。私は以下の2つの理由により在宅勤務をする労働者は増えないと考える。

第一に、ほとんどの会社は、従業員の生産性が下がることを懸念して在宅勤務を導入したがらない。社員は自制心がないと、テレビやネットといった気を散らす要素の多い自宅で仕事に集中できない。監視がないので総合的な生産性は損なわれる。

第二に、ほとんどの会社はスタッフ管理や勤務査定の問題を抱えている。例えば、会社にとっては、固定した勤務スケジュールのない在宅勤務スタッフの労働時間を管理するのは難しい。勤務査定も、会社が社員の仕事ぶりを観察できないので難しい。

結論として、生産性の低下と、スタッフ管理と勤務評価の難しさという2つの理由により、私は在宅ワークをする労働者がもっと増えるとは思わない。

## 満点突破攻略法

# 未来のことを問われていれば
# 必ず予測を述べる！

# 06

## 多文化主義は社会にとって良いか？

### ■ ワンポイントレクチャー

近代における輸送技術の著しい発展（rapid development of transportation technology）や、IT の発達により 1990 年代以降はいわゆるグローバル化が急速に進みました（globalization expanded rapidly）。その背景には、国境を越えてヒトやモノを運ぶ輸送費が安くなったことや、インターネットによる高速な情報通信（high-speed information and communications）が可能になったこと、さらには東西冷戦の象徴であったベルリンの壁が崩壊し、ソ連が解体され、資本主義が有利な状況になったことで自由競争が推し進められた（promote free competition）ことなどが挙げられます。このようなグローバル化の急速な拡大とともに、さまざまな文化的背景をもつ人（people from many different cultural backgrounds）が混じり合い共存することによる多文化主義（multiculturalism）が、日本でも浸透しつつあります。

多様な文化や国民性にあふれる多文化主義のメリットとしては、ビジネスのグローバル化を加速し、生産活動の拡大や貿易活動を活性化するので（stimulate trade activities）、経済成長を促進することが挙げられます。世界中の多彩な人材や知識、技術を利用できるので、さらなる技術発展と新しい文化の創造にも貢献します。

その一方で、企業の海外での事業拡大（international business expansion）は、安価な労働力を使い低コストでの製造が可能になるので、国内産業の空洞化を招き（cause hollowing-out of domestic industries）、加えて国内の労働が海外の労働者に奪われ失業するといったデメリットが挙げられるでしょう。その他、流入してきた異文化（influx of different cultures）により自国の文化が浸食され国民性がむしばまれる（undermine national identity）ことや、人種差別による異文化間の衝突（cross-cultural conflicts）や暴動、ヘイトクライムも起きるデメリットが指摘されています。

では、これらのメリット、デメリットを踏まえてエッセイ・ライティング問題にチャレンジしましょう。

> **TOPIC** **Agree or Disagree: Multiculturalism is good for society.**
>
> **POINTS** Cultural difference / Job opportunities / Conflicts / Diversity

## ■ キーワード解説

各キーワードが Pros（賛成）／ Cons（反対）のどちらで使えるかを一緒に見ていきましょう。

### □ Cultural difference

これは Con ですね。文化的な違いは衝突を生み、racism（人種差別）や hate crime（偏見による犯罪）を引き起こすという強いアーギュメントになります。

### □ Job opportunities

これは Pro ですね。海外投資が増えて雇用機会も増加するので、経済を発展させるという大きなメリットです。

### □ Conflicts

これは Con です。さまざまな文化の流入により外国人を排除しようとする運動も起きるので異文化間の衝突（cross-cultural conflicts）を生むという強いアーギュメントになります。

### □ Diversity

これは両方で可能ですね。多様性のおかげで文化的な豊かさを享受できる反面、自分の国民性がむしばまれる可能性もあるデメリットも指摘されています。

それでは、添削例を見てみましょう。

## ■ エッセイの添削

### → 賛成の意見

Different people have different ideas about multiculturalism. I think that multiculturalism is good for society for the following two reasons.
Firstly, ①we can't avoid cultural differences in the future as ~~an~~ increasing number of people come from foreign countries.
②Nowadays, many countries must depend on other countries .
I think that globalization is increasing multiculturalism.

213

Secondly, ③~~too much feelings about~~ national identity and cultural
      people's obsession with their

tradition will cause ~~conflicts and discrimination~~. ④Past wars
      conflicts with and discrimination against other people.

happened ~~with~~ misunderstanding and discrimination.
      due to

⑤Understanding ~~various kinds of differences including other~~
~~identities and traditions~~
different cultures and traditions

can ~~get rid of~~ serious discrimination. ⑥I think that multiculturalism
  help people overcome

solves problems such as xenophobia and hate speech.
In conclusion, for these reasons, I think that multiculturalism is
good for society.

■ 添削解説

　賛成側で書かれていますが、その理由を適切に述べているでしょうか。まず①ですが、「外国から多くの人が入ってくるため文化交流は将来避けられない」とあり、これではポイントがすり替わってしまいました。さらに②で「多くの国は他国に依存しなければならない」とあり、グローバライゼーションの影響で多文化は今後ますます重要だと言いたいのでしょう。確かに、多くの国々は経済やエネルギー資源など多方面で相互依存している現状はあります。しかしトピックの「多文化は社会にとって良いか」の賛成理由として成立はしません。まずは1行目で「外国文化への理解と交流が深まる」と述べるべきでした。

　次のパラグラフはどうでしょう。③④の文脈「強い自国意識は衝突や差別を引き起こし、過去には戦争にもなった」は間接的なポイントとしては、⑤⑥の「multiculturalismによる異文化への理解が、差別や外国人嫌いなど克服させる」を先に述べましょう。ただ、⑤⑥のように書くと前のパラグラフのキーアイディアと重複するので、別のメリット「多文化によって異文化交流がさかんになり生活が豊かになる」を挙げて内容を展開するべきです。

　日本人は英語的な「重要なポイントから先に述べる」ことに慣れていません。このことを強く意識して練習を重ね、少しずつできるよう努力しましょう。

エッセイの評価

内容 … **2 点** 構成 … **3 点** 語彙 … **3 点** 文法 … **3 点** 合計 … **11 点** (16 点満点中)

（1 つ目のポイントは論点がずれて全く答えになっていませんでした。2 つ目のポイントは最後に述べられているため減点されるでしょう。）

## こう攻略しよう

多文化主義のメリットとして、多国籍企業の活躍や海外投資により経済成長が増し、雇用の機会も生むことや、多種多様な文化があふれることでの生活面の豊かさを挙げます。

デメリットとしては移民問題でよく取り上げられているように、異文化間の衝突や暴動、自国の国民性の衰退、産業の空洞化などを挙げて展開しましょう。

このトピックは「経済効果」や「国際交流による生活の質の向上」により、賛成のほうが強いでしょう。

---

**高得点ゲット！** **Model Answer** はこれだ！

### → 賛成の意見

Some people believe that multiculturalism is good for society, while others believe it is not. Personally, I think that multiculturalism is good for society for the following two reasons.

**Firstly,** multiculturalism contributes to economic development because it will promote global trade and investments from foreign countries. Multinational companies will expand their business in the international market and create more job opportunities, especially in developing countries.

**Secondly,** multiculturalism promotes cultural diversity, which will contribute to cultural enrichment. Cross-cultural interactions will broaden people's horizons and make people's lives more stimulating through a variety of lifestyles and new cultures. Local people can enjoy a wider variety of food, fashion and entertainment through multiculturalism.

**In conclusion,** for these two reasons: economic growth and cultural enrichment, I think that multiculturalism is good for society.

表現力をUPしよう！

□ multinational company 多国籍企業　□ cultural enrichment 文化的な豊かさ
□ cross-cultural interaction 異文化間交流
□ broaden one's horizons 視野を広げる

［訳］多文化主義は社会にとって良いと思う人もいれば、そうではないと思う人もいる。個人的に私は以下
　　の２つの理由から、多文化主義は社会にとって良いと思う。
　　　第一に、多文化主義は、国際貿易や外国企業からの投資を増やすので経済成長に貢献する。多国籍
　　企業は国際市場でビジネスを拡大し、特に発展途上国で雇用機会を多く生む。
　　　第二に、多文化主義は文化的多様性を促進し、文化的な豊かさを深める。異文化交流は視野を広
　　げ、さまざまなライフスタイルや新しいカルチャーにより生活を刺激的なものにする。多文化主義を
　　通じて、いろいろな食物、ファッション、娯楽を楽しめる。
　　　結論として、経済成長と文化的な豊かさという２つの理由により、私は、多文化主義は社会にとって
　　良いと思う。

## 高得点ゲット！　Model Answer はこれだ！

### → 反対の意見

Some people believe that multiculturalism is good for society, while others believe it is not. Personally, I don't think that multiculturalism is good for society for the following two reasons.

**Firstly,** multiculturalism will undermine national identity through a mixture of different nationalities and cultures. People living in a culturally diverse society are less likely to become familiar with their own traditions and cultures due to an influx of different cultures including languages and religions.

**Secondly,** multiculturalism will cause cross-cultural conflicts. People's inherent dislike of people from other countries causes hate crimes and discrimination. People want to exclude foreigners for fear of losing their jobs and cultural traditions.

**In conclusion,** for these two reasons: undermining national identity and causing cross-cultural conflicts, I don't think that multiculturalism is good for society.

**表現力をUPしよう！**

- □ national identity 国民性　□ a mixture of 〜の混在
- □ an influx of 〜の流入、到来　□ cross-cultural conflict 異文化間の衝突
- □ inherent 生まれつきの　□ hate crime ヘイトクライム、偏見による犯罪
- □ exclude foreigners 外国人を排除する

［訳］多文化主義は社会にとって良いと思う人もいれば、そうではないと思う人もいる。個人的に私は以下の２つの理由から、多文化主義は社会にとって良くないと思う。

第一に、多文化主義は異なる人種や文化が混在して国民性をむしばむ。文化的に多様な社会に住む人は、言語や宗教などを含む異なる文化の流入により、自国の伝統や文化のことがよくわからなくなる。

第二に、多文化主義は異文化間の衝突を生む。人が生まれつき持つ外国人に対する嫌悪感は、ヘイトクライムや差別を生む。自分の仕事や文化的伝統をなくすかもしれないという恐怖心から、人は外国人を排斥したがる。

結論として、国民性の衰退と異文化間衝突という２つの理由により、私は、多文化主義は社会にとって良くないと思う。

満点突破攻略法

# 重要ポイントは各パラグラフの必ず１文目に明確に延べよ！

# 07

## テクノロジーは人々の生活を良くしてきたか？

### ◾ ワンポイントレクチャー

　現代では、テクノロジーの発展は目覚ましく、私たちは生活のさまざまな場面でその影響を受けています。その恩恵としては、まず「医学の発展」(medical advancement) です。ペニシリンやストレプトマイシンなどの抗生物質の開発 (development of antibiotics) によって、人類は強大な脅威だったコレラ、赤痢、結核、破傷風などの感染症 (infectious disease) を克服し、近代医学史上、最大の革命をもたらしました。次に、「農業技術の発達」は、1960 年代のいわゆる「緑の革命」(Green Revolution) で、イネやコムギ、トウモロコシなどの高収穫が期待できる品種とともに、灌漑技術 (irrigation technology) や化学肥料、病害虫を駆除する農薬技術を発展途上国でも導入することで、世界の穀物生産量は飛躍的に増大しました (increased global yield crops dramatically)。近年の遺伝子組み換え食品 (genetically modified foods) の開発も安定した穀物供給を可能にしています。さらに、「ITと通信技術の発達」は、商取引 (business transaction) や雇用のチャンスを飛躍的に拡大させ、世界経済の発展を牽引しています。また、Eラーニングは教育の機会を大幅に拡大し (greatly increased educational opportunities) 多くの人に学習するチャンスを与えています。この他にも「災害対策技術の発達」「交通機関の発達」「製造技術の発達」などが挙げられます。

　その一方で、テクノロジーの発展は大量破壊兵器 (weapons of mass destruction) を生み、戦争の規模を拡大させ (increase the scale of wars) 世界の安全を脅かしている (threatening the security of the world) ことや、産業の発展は公害や地球温暖化など、地球環境に深刻な被害をもたらしています (seriously damaged the global environment)。

　それではこれらを踏まえて、エッセイ・ライティング問題にチャレンジしましょう。

> **TOPIC** **Agree or Disagree: Modern technology has greatly improved people's lives.**
>
> **POINTS** Communication / Environmental degradation / Health / the Internet

## ■ キーワード解説

各キーワードが Pros（賛成）／ Cons（反対）のどちらで使えるかを一緒に見ていきましょう。

### □ Communication

両方です。Pro はコンピュータ技術の発展により、例えば離れた場所にいる友人にも気軽に連絡して会話を楽しむ（enjoy communication with friends living in distance）ことが可能になったこと。Con はソーシャルネットワーキングなどの発達で、実際の直接の会話（in-person conversation）の量が大幅に減り、社会的孤独（social isolation）や引きこもりの原因になっていることを挙げます。

### □ Environmental degradation

Con 側ですね。テクノロジーによる産業の発展によって公害が引き起こされ、環境悪化が深刻化しているという強いアーギュメントになります。

### □ Health

これは両方で可能でしょう。Pro では、医療機器の発達や抗生物質などの薬の開発は健康に大きく貢献しているという強いアーギュメントになります。Con なら SNS やスマホ普及によるストレスや眼精疲労、運動不足などの健康被害が挙げられるでしょう。

### □ the Internet

これも両方でしょう。Pro は、情報検索や通販の利便性はもちろんのこと、企業がネット広告や巧みに SNS を利用することで収益を上げ経済発展に貢献していること。Con は、個人情報の侵害（privacy invasion）や、ネット犯罪（cyber crime）の被害に遭うことが挙げられるでしょう。

それでは添削例を見ていきましょう。

## ■ エッセイの添削

### → 賛成の意見

Different people have different ideas about modern technology. I think that modern technology has greatly improved people's lives for the following two reasons.

Firstly, ①thanks to the Internet, people can get information∧ all
from
over the world. ②Before computers were invented, they had to ask teachers or go to a library for information. ③It is very convenient that people can get a lot of information∧ by using the Internet.
around the clock

Secondly, ④~~people's longevity in Japan is very long now~~.
the average lifespan of the Japanese has increased.

⑤Development of medical science ~~affect~~ people's health.
has greatly improved

⑥When they become sick, they can buy medicine at a drug store easily, or go to a hospital immediately.

⑦In conclusion, for these reasons∧ , I think that modern technology
: speedy information search and extended lifespans
has greatly improved people's lives.

---

### ■ 添削解説

　①は、**the Internet allows people to find various kinds of information in a matter of second.**（ネットにより人は瞬時にあらゆる種類の情報を見つけることができる）のように、もっと明確に表現すると得点アップです。③はこのままだとサポートが弱いので around the clock（24時間、一日中）を入れましょう。「情報検索」の便利さは確かにメリットですが、やはり「ITの発展により世界経済が活性化した」、といった強いアーギュメントがベターでしょう。社会問題の背景知識を増やす努力をしましょう。

　④「日本人の平均寿命が延びている」は、添削はしましたが、このままではキーセンテンスにはなりません。**テクノロジーの発展との関連性がないからです。**なので、⑤「医療科学の発展は人の健康を改善している」を1行目に移動しましょう。サポートとして⑥「病気になってもすぐに薬を買ったり病院に行ける」がありますが、これもテクノロジーと関連性がないことに気づきましたか？　この場合、医療技術、とりわけ薬の開発で、人命が救われてきたことを書かないと関連したサポートにはなりません。**このように、サポー**

トがずれると大きく減点されるので注意が必要です。

エッセイの評価

内容…**2点** 構成…**2点** 語彙…**3点** 文法…**3点** 合計…**10点**（16点満点中）

（2つ目のサポートのずれに気を付けましょう。）

こう攻略しよう

　テクノロジーの恩恵で特に強いのは、人の寿命や健康に貢献した「医療技術」や食糧問題改善に大きく寄与した「農業技術」、ビジネスの舞台を飛躍的に世界に拡大した「IT」、台風や津波などの「自然災害対策技術」です。

　Conは、核開発による「世界戦争の脅威」や産業の発達による「環境問題」が最も強いアーギュメントですが、問題で指示された4つのポイントからパラグラフを考える必要があるので、「環境悪化」と「メディアの悪影響」で展開します。

　ではモデルアンサーを見てみましょう。

---

**高得点ゲット！ Model Answerはこれだ！**

→ **賛成の意見**

It is widely believed that modern technology has improved people's lives. Personally, I think that modern technology has greatly improved people's lives for the following two reasons.

**Firstly,** the development of information technology has boosted the economy. The Internet has globalized business opportunities around the world through e-commerce, online advertisements and social networking services. Companies have increased their profits through online business transactions and effective marketing for both existing and potential consumers.

**Secondly,** medical technology has greatly improved people's health. For example, the development of antibiotics has greatly contributed to saving many people's lives from infectious diseases such as tuberculosis. The technological development of surgical devices has also helped to extend the average lifespan.

**In conclusion,** for these two reasons: boosting the economy and extending the average lifespan, I think that modern technology has greatly improved people's lives.

**表現力をUPしよう！**

□ business transaction ビジネス取引
□ existing and potential customer 既存客と見込客　□ antibiotics 抗生物質
□ tuberculosis 結核　□ surgical device 手術機器
□ extend the average lifespan 平均寿命を延ばす

[訳] 現代のテクノロジーは人の生活を改善したと広く信じられている。個人的に私は次の2つの理由から、現代のテクノロジーは生活を良くしたと思う。

第一に、情報テクノロジーの発達は経済を押し上げてきた。インターネットは電子商取引やネット広告、SNSを通じてビジネスの機会を世界に広げた。企業はネット取引や既存客、見込客両方への効果的なマーケティングによって利益を上げてきた。

第二に、医療技術は人の健康を著しく改善してきた。例えば、抗生物質の開発は、結核のような伝染病から多くの人命を救うことに貢献している。手術機器の技術的な発達も平均寿命を延ばすのに大いに役立っている。

結論として、経済の発展と平均寿命が延びたことの2つの理由により、私は現代のテクノロジーは人の生活を改善したと思う。

---

## 高得点ゲット！　Model Answer はこれだ！

### → 反対の意見

It is often pointed out that modern technology has improved people's lives. I don't think that modern technology has greatly improved people's lives for the following two reasons.

**Firstly,** industrial development through technological advancement has caused serious environmental degradation. Mass production and mass consumption in modern society have caused serious environmental problems such as air pollution, global warming, and a loss of biodiversity.

**Secondly,** the Internet harms interpersonal communication. Sending e-mails and exchanging text messages on social media eliminate face-to-face communication and undermines people's communication skills. This lack of communication and interaction between people can cause social isolation or social withdrawal.

**In conclusion,** for these two reasons: serious environment degradation and a lack of interpersonal communication, I don't think that modern technology has greatly improved people's lives.

**表現力をUPしよう！**

□ environmental degradation 環境悪化　□ mass production 大量生産
□ mass consumption 大量消費　□ biodiversity 生物多様性
□ interpersonal communication 対人コミュニケーション
□ face-to-face communication 対面でのコミュニケーション
□ social isolation 社会的孤立　□ social withdrawal 引きこもり

［訳］現代のテクノロジーが人の生活を改善したとよく指摘されている。個人的に私は次の2つの理由から、現代のテクノロジーは生活を良くしたとは思わない。

第一に、技術の進歩による産業の開発は深刻な環境悪化をもたらしている。現代社会における大量生産や大量消費は公害や地球温暖化、生物多様性損失のような深刻な環境問題を引き起こしている。

第二に、インターネットは対人コミュニケーションを阻害している。ソーシャルメディアでの電子メールやメッセージの交換は直接的な会話をなくし、人のコミュニケーションスキルを弱めている。このような人との会話や交流の欠如は社会的孤立や引きこもりを生んでいる。

結論として、深刻な環境悪化と対人コミュニケーション不足という2つの理由により、私は現代のテクノロジーは人の生活を改善したとは思わない。

満点突破攻略法

# 十分なサポートで説得力のある主張に！

# 08

## 政府はホームレスを助けるべきか？

### ■ ワンポイントレクチャー

　ホームレスというと野宿者というイメージがあるかもしれませんが、その実態は必ずしもその図式に当てはまらないようです。厚生労働省 (the Ministry of Health, Labor and Welfare) はホームレスを「都市公園、河川、道路、駅舎その他の施設を故なく起居の場所とし、日常生活を営んでいる者」と定義していますが、最近はネットカフェで暮らすいわゆる「ネットカフェ難民」(Internet café refugee) や、簡易宿泊所 (no-frills hotel) や友人宅を転々とするような、固定した居所がなく (with no fixed address) 不安定な状態に置かれた人のことも広義でホームレスだと考える生活困窮者支援団体もあるようです。

　人がホームレスになる原因はさまざまで、近年は失業だけではなく、多重な借金 (multiple debts) や家庭環境の悪化 (troubled family situations)、病気、地域社会とのつながりの希薄化 (poor social connection with local community) など、多様化・複雑化しています。政府が 2002 年に制定した「ホームレスの自立の支援等に関する特別措置法」と 2003 年の「ホームレスの自立の支援等に関する基本方針」以降は、住居提供 (support of accommodation) と生活保護 (public assistance) 支給により、それまでは増加傾向にあったホームレスの数を約 5 分の 1 まで減少させました (reduced the number of homeless people by about one-fifth)。

　ホームレス救済の賛成意見としては、彼らにも公的支援を受ける基本的人権がある (They have the fundamental human right to receive welfare.) ことや、地域の治安が改善される (improve public safety) などがあります。このトピックは「政府の財務的な重荷になる」という懸念もありますがアーギュメントとして弱いので、賛成側で書きましょう。

　それではエッセイ・ライティング問題にチャレンジしましょう。

> **TOPIC** **Should the government help homeless people to overcome their poverty?**
>
> **POINTS** Job training / Commit crime / Financial assistance / Responsible

## ■ キーワード解説

　各キーワードが Pros（賛成）／ Cons（反対）のどちらで使えるかを一緒に見ていきましょう。

### □ Job training

　これは両方で可能です。ホームレス救済策として彼らは職業訓練をさせてもらえる（Homeless people can receive job training.）という賛成意見に対して、それは政府の経済負担を増す原因になるという反対意見にもなります。

### □ Commit a crime

　これは Pro でしょう。政府が援助しなければ、彼らは貧困から犯罪を犯し、治安が悪化するという強いアーギュメントになります。

### □ Financial assistance

　両方で可能です。Pro は、彼らにも最低限度の生活を営むために社会福祉を受ける権利がある（have the right to social welfare）ので、経済的な援助をして助けるべきだという強いアーギュメントになります。Con は、それが政府の財政負担になることです。

### □ Responsibility

　これは Pro ですね。政府は社会的苦境に陥った人（people in a social difficulty）やホームレスを救済する責任があるという賛成意見に使えます。

　それでは、エッセイ・ライティング問題にチャレンジしましょう。

## ■ エッセイの添削

### → 賛成の意見

Different people have different ideas about helping homeless people. I think that the government should help them to overcome their poverty for the following reasons.

Firstly, ①homeless people were not born homeless. ②There are many reasons that they become homeless, so the government should support them.

③For example, ~~giving job~~ training or financial assistance.
　　　　　　 *they can offer them job*

Secondly, ④people become homeless because of ~~money~~.
　　　　　　　　　　　　　　　　　　 *financial problems*

Homeless people don't have enough money, so they are tempted to commit a crime.

⑤I think that helping them ~~would allow the cities safer.~~
　　　　　　　　　　　　　 *contributes to public safety.*

⑥It can decrease ~~the rate of crimes~~ and improve
　　　　　　　　　 *the crime rate*

~~the conditions and energy of the cities~~.
　　*public safety / law and order*

In conclusion, for these reasons, I think that the government should help homeless people to overcome their poverty.

### ■ 添削解説

まず①はキーセンテンスとして不適切です。「誰もホームレスとして生まれてきていない」では理由にならないことに気づきましたか？

②の「いろいろな理由でホームレスになった」も理由を述べていないので不可です。キーアイディアとしては「人には最低限度の暮らし営む基本的な人権がある」のように述べるとよくなります。このように、ポイントを明確に述べるのには時間が必要ですが、そのことを意識してしっかり訓練すれば必ず書けるようになるので、今すぐ始めましょう。

> **文法チェック** ③ for example の使い方に注意しましょう。このままだと文章として成立しないので赤字のように修正します。

次のパラグラフにある④の「人は経済的な問題でホームレスになる」は前置きで、⑤⑥の「ホームレスの救済は犯罪率を減少させ治安を良くする」がキーセンテンスとして適

切です。これは1行目にもっていきましょう。

　今回のトピックは難しいものでしたが、みなさんはいかがでしたか？ 常にニュースをチェックして日頃から時事問題にアンテナを張り、さまざまなジャンルの社会問題に対する自分の意見（賛成か反対か）をまとめておきましょう。

エッセイの評価

内容…**2点** 構成…**2点** 語彙…**2点** 文法…**2点** 合計…**8点**（16点満点中）

　（ひとつ目は論点がずれて答えになっていませんでした。2つ目はポイントが最後にあり、全体的に構成が悪く内容も不十分で減点が大きいでしょう。）

こう攻略しよう

　このトピックは賛成意見でしか論理的に書けないものでした。「誰にでも社会福祉を受ける権利があること」「ホームレスの救済は犯罪率を下げ治安を改善すること」のようなポイントを挙げて展開しましょう。

　では、モデルアンサーを見てみましょう。

**高得点ゲット！** **Model Answer はこれだ！**

→ **賛成の意見**

　It is a highly controversial issue whether or not the government should help homeless people. I think that the government should help them to overcome their poverty for the following reasons.

　**Firstly,** people have the fundamental human right to national welfare. The government is responsible for supporting homeless people in difficult living conditions. They have to offer them job training and financial assistance so that they can become independent in the future.

　**Secondly,** helping homeless people will contribute to public safety. It is more likely that homeless people will commit a crime due to their financial difficulty. They are tempted to steal food or attack people for money out of hunger.

　**In conclusion,** for these two reasons: human rights to welfare and the promotion of public safety, I think that the government should help homeless people to overcome their poverty.

227

表現力をUPしよう！

- □ fundamental human right 基本的人権　□ have a right to ～を求める権利がある
- □ public safety 公共の安全　□ out of hunger 空腹のあまりに

[訳] 政府がホームレスを救済するかどうかはよく議論の的になる。私は以下の2つの理由から政府は貧困を克服するためにホームレスを救うべきだと思う。

第一に、人には国の福祉を受ける基本的人権がある。政府は生活が困難な状況にいるホームレスを支援する責任がある。彼らが将来自立できるように、経済援助と職業訓練を提供するべきだ。

第二に、ホームレス救済は公共の安全につながる。ホームレスは経済的苦境により犯罪を犯しやすい。彼らは空腹から食べ物を盗んだり、金銭目的で人を攻撃する。

結論として、基本的人権と公共の安全という2つの理由から、私は政府がホームレスを救済すべきだと思う。

満点突破攻略法

# 賛成か反対かどちらの意見が良いかを見極める！

皆さん、いかがでしたか？　大変お疲れさまでした。

後半は背景知識がないと難しいトピックも多く、非常にチャレンジングだったと思いますが、練習を通して社会問題に関する豊富な知識が身につき、エッセイ・ライティングのコツが体にしみ込んできたのではないでしょうか。実際の試験では、本書で紹介したモデルアンサーのような完璧なものでなくても相対的に良い評価をもらうことは可能かもしれませんが、「ギリギリの合格」ではなく、「余裕の合格」で英検準1級を突破し、次はぜひとも英検1級と、さらに上を目指して英語学習に取り組んでいただきたいと思います。

皆さんの準1級合格と、さらなる英語力アップを心から願っています。

巻末付録

## 英検準1級エッセイ・ライティング 必須用語400

### ■ メディア

| | |
|---|---|
| □ 情報漏洩 | information leakage |
| □ インターネット普及率 | Internet penetration rate |
| □ 情報格差 | digital divide |
| □ 広告収入 | advertising revenue |
| □ 通信教育 | distance [online] learning |
| □ コンピュータ障害 | computer malfunction |
| □ ネット犯罪 | cyber crime |
| □ ネットいじめ | cyberbullying |
| □ 出会い系サイト | Internet dating site |
| □ メディア検閲 | media censorship |
| □ 通信販売 | mail order |
| □ 独占インタビュー | exclusive interview |
| □ 電子書籍 | electronic book / e-book |
| □ 視聴率 | viewing rate |
| □ ビデオ映像 | video footage |
| □ ネットバンキング | online banking |
| □ 情報処理 | data processing |
| □ コンピュータウィルス | computer virus |
| □ 通信手段 | means of communication |
| □ 受信料 | reception fee |
| □ フリーダイアル | toll-free number |
| □ 報道 | media coverage |
| □ 記者会見 | press conference |
| □ (ホームページの) アクセス数 | website traffic |
| □ 音楽ダウンロード | music downloading |
| □ 海賊版ソフト | pirated software |
| □ ユビキタス社会 | ubiquitous society |
| □ 翌日配達便 | overnight delivery |
| □ 販売促進 | sales promotion |
| □ 言論の自由 | freedom of speech |
| □ 誤解を招くような情報 | misleading information |
| □ 絵文字 | emoticon / emoji |

## ■ 医療・健康

| | |
|---|---|
| □ 健康診断 | medical [health] checkup |
| □ 平均余命 | average life expectancy |
| □ 平均寿命 | average life span |
| □ 生活習慣病 | life-style related disease |
| □ バランスの良い食事 | well-balanced diet |
| □ 長寿食 | macrobiotic food |
| □ 肥満 | obesity |
| □ 糖尿病 | diabetes |
| □ 脳卒中 | stroke |
| □ 心臓発作 | heart attack |
| □ 食中毒 | food poisoning |
| □ 花粉症 | hay fever |
| □ 熱中症 | heat stroke |
| □ 慢性疲労 | chronic fatigue |
| □ 心の病気 | mental illness |
| □ 精神科医 | psychiatrist |
| □ うつ病 | depression |
| □ 不眠症 | insomnia |
| □ 医療過誤 | malpractice |
| □ 健康を害するもの | health hazard |
| □ 食習慣 | eating habits |
| □ 適度な運動 | moderate exercise |
| □ カロリー摂取 | calorie intake |
| □ 副作用 | side effects |
| □ 服用量 | dosage |
| □ 二次（受動）喫煙 | secondhand smoking |
| □ 分煙 | separation of smoking and non-smoking |
| □ 車イス | wheelchair |
| □ 盲導犬 | Seeing Eye dog |
| □ 輸血 | blood transfusion |
| □ 自然治癒力 | natural healing power |
| □ 毎日の運動 | daily work-out |

| | |
|---|---|
| □ 慢性の痛み | chronic pain |
| □ 栄養補助食品 | food supplements |
| □ 献血 | blood donation |
| □ 予防接種 | vaccination |
| □ 応急手当 | first aid |
| □ 医学的診断 | medical diagnosis |
| □ 延命装置 | life-prolonging device |

## ■ 環境・テクノロジー

| | |
|---|---|
| □ 生態系 | ecosystem |
| □ 生物多様性 | biodiversity |
| □ 温室効果ガス | greenhouse gas |
| □ 二酸化炭素排出 | $CO_2$ emissions |
| □ 排気ガス | exhaust gas |
| □ 再生可能エネルギー | renewable energy |
| □ 環境悪化 | environmental degradation |
| □ 3R | (Reduce, Reuse, Recycle) |
| □ 温室効果 | greenhouse effect |
| □ 化石燃料 | fossil fuel |
| □ 干ばつ | drought |
| □ 熱波 | heat wave |
| □ 異常気象 | abnormal weather |
| □ 砂漠化 | desertification |
| □ 降水量 | precipitation |
| □ 森林破壊 | deforestation |
| □ 絶滅危惧種 | endangered species |
| □ 生息地 | natural habitat |
| □ 天然資源 | natural resource |
| □ 自然保護区 | nature reserve[sanctuary] |
| □ 包装紙 | wrapping paper |
| □ 省エネ | energy saving |
| □ マイバッグ | eco-bag |
| □ 有害物質 | toxic substance |
| □ 汚染物質 | pollutant |
| □ 不法投棄 | illegal dumping of waste |
| □ 被災者 | disaster victim |

| | |
|---|---|
| ☐ 節電対策 | energy saving measures |
| ☐ 埋め立てゴミ | landfill |
| ☐ 産業廃棄物 | industrial waste |
| ☐ 化学肥料 | chemical fertilizer |
| ☐ 過剰包装 | excessive packaging |
| ☐ 待機電力 | standby electricity |
| ☐ 持続可能な開発 | sustainable development |
| ☐ 排ガス規制 | emission control |
| ☐ 介護ロボット | nursing-care robot |
| ☐ 産業用ロボット | industrial robot |
| ☐ 家庭用ロボット | domestic robot |
| ☐ 救助ロボット | rescue robot |
| ☐ エコカー | eco-friendly car |
| ☐ 燃費の良い車 | energy-efficient [economical] car |
| ☐ 原子力発電 | nuclear power generation |
| ☐ 日本のエネルギー自給率 | Japan's energy self-sufficiency rate |
| ☐ 核廃棄物処理 | nuclear waste disposal |
| ☐ 放射能汚染 | radioactive contamination |
| ☐ 遺伝子組み換え食品 | genetically modified food |
| ☐ 遺伝子操作 | genetic manipulation |
| ☐ 遺伝子療法 | gene therapy |
| ☐ 宇宙開発 | space exploration |
| ☐ 宇宙ゴミ | space debris |

## ■ ビジネス・経営

| | |
|---|---|
| ☐ 役員会議 | board meeting |
| ☐ 司会者 | chairperson |
| ☐ 会議の議題 | meeting agenda |
| ☐ 営業ノルマ | sales quota |
| ☐ 売上目標 | sales target |
| ☐ 販売実績 | sales performance |
| ☐ 見込客 | potential customer |
| ☐ 社内報 | in-house newsletter |
| ☐ 服装規定 | dress code |
| ☐ 頭金 | down payment |
| ☐ 電信振込 | wire transfer |

| | |
|---|---|
| □ 送金 | remittance |
| □ 分割払い | installment payment |
| □ 一括払い | lump-sum payment |
| □ 証券会社 | securities company |
| □ 税理士 | licensed tax accountant |
| □ 手数料 | handling charge |
| □ 普通預金口座 | savings account |
| □ 商取引 | business transaction |
| □ 口コミによる宣伝 | word-of-mouth advertising |
| □ 競争価格 | competitive price |
| □ 小売店 | retailer |
| □ 欠陥商品 | defective product |
| □ 注文処理 | order processing |
| □ 内線 | extension number |
| □ 掲示板 | bulletin board |
| □ 事務用品 | office supplies |
| □ 株主総会 | general meeting of shareholders |
| □ 組立工場 | assembly plant |
| □ 運送費 | shipping cost |
| □ 委託販売 | consignment sale |
| □ 大量購入割引 | bulk purchase discount |
| □ 定価 | list price |
| □ 下取り価格 | trade-in price |
| □ 維持費 | running cost |
| □ 展示会 | trade fair |
| □ 忘年会 | year-end party |
| □ 親睦会 | get-together |
| □ 歓迎会 | welcome party |
| □ 立食パーティー | buffet party |
| □ 起工式 | groundbreaking ceremony |
| □ 社内ゴルフコンペ | company golf competition |

### ■ 雇用・労働

| | |
|---|---|
| □ 育児休暇 | childcare leave |
| □ 産休 | maternity leave |
| □ 職務評価 | job evaluation |

| | |
|---|---|
| □ 有給休暇 | paid leave |
| □ 転勤 | job transfer |
| □ 求人広告 | classified ad |
| □ 求職者 | job applicant |
| □ 実地訓練 | hands-on[on-the-job] training |
| □ 適性テスト | aptitude test |
| □ 残業する | work overtime |
| □ 昇給 | pay raise |
| □ 昇進 | promotion |
| □ 在宅勤務 | telecommuting |
| □ 多国籍企業 | multinational company |
| □ 経済成長 | economic growth |
| □ 低賃金の仕事 | low-paying job |
| □ 中古品 | second-hand [used] goods [items] |
| □ 24 時間営業 | round-the-clock operation |
| □ 在庫 | inventory |
| □ 子会社 | subsidiary company |
| □ 関連会社 | affiliated company |
| □ 平社員 | the rank and file |
| □ 販売員 | sales representative |
| □ 社長代理 | acting president |
| □ 部下 | subordinate |
| □ 上司 | supervisor |
| □ 管理職 | administrative position |
| □ 企業のリストラ | corporate restructuring |
| □ 離職率 | turnover rate |
| □ 報酬制度 | incentive program |
| □ 人件費 | labor [personnel] cost |
| □ 所得格差 | income disparity |
| □ 就職説明会 | job fair |
| □ 中途採用 | mid-career recruiting |
| □ 年功序列制 | seniority system |
| □ 能力給 | performance-based pay system |
| □ サービス残業 | unpaid overtime |
| □ 福利厚生 | benefits package |

| | |
|---|---|
| □ 定年退職 | mandatory retirement |
| □ 終身雇用 | lifetime employment |
| □ 退職手当 | retirement allowance |
| □ 失業手当 | unemployment allowance |
| □ 役員の特典 | executive perks |

## ■ 教育

| | |
|---|---|
| □ 少年犯罪 | juvenile delinquency |
| □ 登校拒否 | refusal to go to school |
| □ 落ちこぼれ | underachiever |
| □ 成績優秀者 | high-achiever |
| □ 学級崩壊 | classroom disruption |
| □ 停学 | suspension from school |
| □ 義務教育 | compulsory education |
| □ 体罰 | corporal punishment |
| □ 引きこもり | social withdrawal |
| □ 未成年の喫煙 | underage smoking |
| □ 不良行為 | delinquent behavior |
| □ 退学処分を受ける | be expelled from school |
| □ 中退する | drop out of school |
| □ 予備校 | preparatory school |
| □ 学歴社会 | academic background-oriented society |
| □ 学業成績 | academic achievement |
| □ 学校週 5 日制 | five-day school week |
| □ 生涯教育 | lifelong learning |
| □ 男女共学 | co-education |
| □ いじめ | bullying |
| □ 協調性 | a sense of cooperation |
| □ 達成感 | a sense of accomplishment |
| □ カンニング | cheating |
| □ しつけ | discipline |
| □ 家族の絆 | family ties |
| □ 学問的資格 | academic qualification |
| □ クラブ活動 | extracurricular activities |
| □ 合格通知 | acceptance letter |
| □ 制服規定 | uniform dress code |

| □ 青年期 | adolescence |
| □ 遠足 | school excursion |
| □ 教育補助金 | education subsidy |
| □ 野外研究 | field study |
| □ 文化教養 | cultural literacy |
| □ 識字率 | literacy rate |
| □ 必須科目 | required subject |
| □ 授業の登録 | class enrollment |
| □ 専門学校 | vocational school |
| □ 英才教育 | special education for gifted students |
| □ 丸暗記 | rote memorization |
| □ 講義型クラス | lecture-oriented class |

## ■ 行政・高齢化社会

| □ 世論調査 | opinion poll |
| □ 慈善団体 | charity organization |
| □ 定期刊行物 | periodical |
| □ 避難訓練 | evacuation drill |
| □ 防火訓練 | fire drill |
| □ ビザ申請 | visa application |
| □ 仲介料 | commission |
| □ 社会福祉 | social welfare |
| □ 高齢化社会 | aging society |
| □ 介護施設 | nursing home |
| □ 介護保険 | nursing care insurance |
| □ 子育て支援 | childcare support |
| □ ホームヘルパー | home helper / caregiver |
| □ 年金制度 | pension system |
| □ 年金保険料 | pension premiums |
| □ 年金支給 | pension provision |
| □ 住宅助成金 | housing subsidy |
| □ シルバーシート | seats for elderly people |
| □ 認知症患者 | dementia patient |
| □ 寝たきり老人 | bedridden elderly people |
| □ ハローワーク | public employment security office |
| □ 市議会 | city council meeting |

| | |
|---|---|
| □ 市役所 | municipal office |
| □ 地方自治体 | local government |
| □ 国民皆保険 | universal national insurance |
| □ 厚生年金 | employee pension |
| □ 国民年金 | national pension |
| □ 年金受給者 | pension beneficiary |
| □ 有権者 | eligible voters |
| □ 投票率 | voting rate |
| □ 投票用紙 | ballot |
| □ 減税措置 | tax break |
| □ 脱税 | tax evasion |
| □ 免税 | tax exemption |
| □ 税収入 | tax revenue |
| □ 固定資産税 | fixed property tax |
| □ 相続税 | inheritance tax |
| □ 財政政策 | fiscal policy |
| □ 指定区域 | designated area |
| □ 募金運動 | fund-raising campaign |
| □ 監視カメラ | surveillance[security] camera |
| □ 犯罪防止 | crime prevention |
| □ 飲酒テスト | sobriety test |
| □ 窃盗 | theft |
| □ 罰金 | fine |

## ■ 結婚・家庭

| | |
|---|---|
| □ 核家族 | nuclear family |
| □ 拡大家族 | extended family |
| □ 共働き家族 | double-income family |
| □ 家事 | housework / household chores |
| □ 男女の役割 | gender role |
| □ 養子縁組 | adoption |
| □ 生みの親 | biological parent |
| □ 一家の稼ぎ手 | breadwinner |
| □ 専業主婦 | full-time homemaker |
| □ 母子家庭 | single-mother family |
| □ 女性の社会進出 | women's career advancement |

| | |
|---|---|
| □ 子供手当 | childcare allowance |
| □ 産休 | maternity leave |
| □ 父親産休・育休 | paternity leave |
| □ 夫婦別姓制度 | separate surname system |
| □ 男性優位社会 | male-dominant society |
| □ 子の親権 | child custody |
| □ 鍵っ子 | latchkey child |
| □ 婚活 | spouse hunting |
| □ 晩婚 | late marriage |
| □ 託児所 | day-care center |
| □ 保育園 | nursery school |

## ■ ライフ

| | |
|---|---|
| □ 公共料金（電気・ガスなど） | utilities |
| □ 住宅ローン | mortgage |
| □ 家主 | landlord |
| □ 賃借人 | tenant |
| □ 礼金 | key money |
| □ 敷金 | security deposit |
| □ 管理費 | maintenance fee |
| □ 耐震構造 | earthquake-proof structure |
| □ 3 階建ての家 | three-story[storied] house |
| □ 非常階段 | fire escape |
| □ ワンルームマンション | studio apartment |
| □ 高級マンション | condominium |
| □ 家具付きマンション | furnished apartment |
| □ 手すり | handrail / railing |
| □ 改札 | ticket gate |
| □ 家電製品 | household appliance |
| □ 日用品 | daily necessities |
| □ 交通規制 | traffic regulation |
| □ 交通渋滞 | traffic jam[congestion] |
| □ 交通違反 | traffic violation |
| □ 一方通行 | one-way traffic |
| □ 通行人 | pedestrian |
| □ 横断歩道 | crosswalk |

| | |
|---|---|
| □ 歩道橋 | pedestrian bridge |
| □ オープンカー | convertible |
| □ 途中下車 | stopover |
| □ 助手席 | passenger seat |
| □ ひき逃げ事故 | hit-and-run accident |
| □ 接触事故 | fender bender |
| □ 正面衝突 | head-on collision |
| □ チャイルドシート | child safety seat |
| □ 運賃精算機 | fare adjustment machine |
| □ 定期券 | commuter pass |
| □ 身体障害者用駐車スペース | disabled parking |
| □ 優先座席 | priority seat |
| □ 通路側の席 | aisle seat |
| □ 有料道路 | toll road |
| □ 料理道具 | cooking utensil |
| □ ベビーカー | baby carriage [stroller] |
| □ 使い捨て紙オムツ | disposable diaper |
| □ 生鮮食品 | perishable food |
| □ レトルト食品 | boil-in-the-bag food |
| □ 賞味期限 | expiration date |
| □ 食べ残し | leftovers |

## ■ 文化・レジャー

| | |
|---|---|
| □ 観光地 | tourist destination / sightseeing spot |
| □ 史跡 | historic site |
| □ 景勝地 | scenic spot [area] |
| □ 温泉地 | hot spring resort |
| □ 夏の避暑地 | summer retreat |
| □ 入場料 | admission fee |
| □ 観光産業 | tourism industry |
| □ 世界遺産 | World Heritage site |
| □ 宿泊施設 | accommodation |
| □ 有形文化財 | tangible cultural asset |
| □ 無形文化財 | intangible cultural asset |
| □ 旅行の手配 | travel arrangement |
| □ 異文化体験 | cross-cultural experience |

| | |
|---|---|
| □ 地方の名産 | local specialty |
| □ 観光案内所 | tourist information desk |
| □ 旅館 | Japanese-style inn |
| □ 団体割引 | group rates |
| □ 旅行日程表 | itinerary |
| □ 無料送迎バス | complimentary shuttle bus service |
| □ 搭乗券 | boarding pass |
| □ 往復切符 | round-trip tickets |
| □ 渡航情報 | overseas travel information |
| □ 有効なパスポート | valid passport |
| □ 貴重品保管所 | safe deposit |
| □ 身の回り品 | personal belongings |
| □ 貴重品 | valuables |
| □ 時刻表 | timetable |
| □ グリーン車 | first-class car |
| □ オリンピック | the Olympic Games / the Olympics |
| □ 遊園地 | amusement park |
| □ テーマパーク | theme park |
| □ 同窓会 | class reunion |
| □ 時差ボケ | jet lag |
| □ 時差 | time difference |
| □ 機内持ち込み荷物 | carry-on baggage |
| □ 機内食 | in-flight meal |
| □ 接続便 | connecting flight |
| □ 手荷物検査場 | security check |
| □ 遺失物取扱所 | lost and found |
| □ 重量超過手荷物 | excess baggage |
| □ エコノミークラス | coach [economy] class |
| □ 頻繁に飛行機を利用する人 | frequent flier |
| □ 掛け捨て保険 | non-refundable insurance |

## 重要トピック
## キーアイディア・リスト

　ここでは主に論争になっている社会問題で、準1級のエッセイ問題でも狙われそうな重要なトピックを中心にキーアイデアを補足しておきましょう。

### 1. 政治・法制化のトピックに強くなる

#### ■ 公共政策

## Agree or disagree: Increasing the number of security cameras is the best way to prevent crime.
（監視カメラの数を増やすことは犯罪を防ぐ最善策だ、という意見に賛成か、反対か?）

　賛成では犯罪防止と解決につながる、コスト減になるの2つが考えられるが、反対ではプライバシーの侵害がポイントで、賛成の立場のほうが書きやすい。

→ 賛成の意見

1. It is less costly to increase the number of security cameras than hiring more security guards due to labor shortages.
（労働力不足であるため、監視カメラを設置することは、監視員の数を増やすよりも費用を抑えることができる）

2. Increasing the number of security cameras will help solve and prevent crimes.
（監視カメラの数を増やすことが犯罪の解決と防止につながる）

→ 反対の意見

1. It is very costly to install security cameras.
（監視カメラを設置するのに多額の費用がかかる）

2. Increasing the number of security cameras will violate people's privacy.
（監視カメラの数を増やすことで人々のプライバシー侵害につながる）

#### ■ 司法制度

## Should there be an age limitation on the punishment for juvenile crimes?
（青少年の犯罪への懲罰に年齢制限を加えるべきか?）

　これは論争になっているトピックで、更生を重視するか市民の安全を重視するかが争点になる。この点をふまえて書くこと。

→ 賛成の意見

1. It gives reformable juvenile criminals a chance to rehabilitate themselves.
（更生可能な青少年犯罪者に更生の機会を与える）

→ 反対の意見

1. Age limitations will endanger the safety of law-abiding citizens.
（年齢制限は法を順守する市民の安全を脅かすことになる）

2. Putting juvenile criminals in adult prisons can expose them to abuse by dangerous adult criminals.
（少年犯罪者を大人と同じ刑務所に入れると大人の囚人に虐待される）

2. Age limitations will undermine deterrence for serious juvenile crimes.
（年齢制限を加えると凶悪な少年犯罪への抑止効果が弱まる）

この他には理由としては弱くなりますが、正義を振りかざした論点もあります。

3. Justice should be done to brutal [atrocious] criminals, regardless of their age.
（凶悪な犯罪者には、年齢にかかわらず正義の鉄槌を下すべきだ）

## 2. 経済・ビジネスのトピックに強くなる

# Is the seniority system beneficial for the Japanese economy?
（年功序列制は日本の経済にとってよいか？）

＊ 年功序列制や終身雇用制度など日本の雇用制度と能力給制との優劣をめぐる議論について、ポイントを押さえておこう。

→ 賛成の意見

1. It can develop employees' job skills over time, thus leading to an increase in productivity of the companies.
（年功序列制度は、長期にわたり従業員のスキルを熟練させ、結果的に組織の生産性を上げる）

2. It allows companies to keep skilled human resources by enhancing workers' loyalty and dedication to their companies.
（従業員の会社への忠誠心を高めることで、会社は熟練した人材を確保できる）

→ 反対の意見

1. It will undermine highly competent employees' motivation for work, thus decreasing their productivity.
（年功序列制度は、意欲の高い従業員の働く意欲を損ない、従業員の生産性の低下を招いてしまう）

2. It will discourage technological innovation, thus undermining national competitiveness in the global market.
（年功序列制は技術革新を妨げ、国際市場における競争力を損なう）

これと似たトピックの lifetime employment system（終身雇用）の是非なら、

→ 賛成の意見

1. It will enhance employees' loyalty by providing job security.
（雇用保障を与えることで従業員の忠誠心が高まる）

→ 反対の意見

1. It will increase labor costs because of redundant or unproductive workforce, thus undermining the growth of companies.
（過剰人員や非生産的労働者のために人件費が膨れ上がり、会社が成長できなくなる）

243

2. It allows companies to secure skilled workforce and their accumulated expertise.
（熟練労働者や彼らが蓄えた多くの技術を確保できる）

2. It will decrease workers' productivity by discouraging their competitive spirits.
（従業員の競争心を損ない、生産性を下げる）

## Should Japanese companies make English as an internal official language?
（もっと多くの企業が英語を社内公用語化するべきか？）

最近、導入する会社も増えているのでその一長一短を考えておこう。

→ 賛成の意見

1. The system prepares employees to do business with customers abroad.
（社員が外国の顧客とビジネスをする準備ができる）

2. The system will allow Japanese companies to attract talented foreign employees.
（優秀な外国人社員にアピールすることができる）

→ 反対の意見

1. English communication skills are not required for performing most jobs in Japanese companies.
（日本企業ではほとんどの業務において英語のコミュニケーションスキルは必要がない）

2. It will keep Japanese companies from obtaining workers who are excellent except in English.
（企業は、英語以外は優秀な人材が得られなくなる）

## 3. メディアのトピックに強くなる

## Do you think the content of the Internet should be controlled?
（インターネット上のコンテンツはもっと規制する必要があると思うか？）

これは非常に重要なトピックで、賛成、反対のいずれでも書けるが、最近の風潮としては賛成側の意見のほうが強い。

→ 賛成の意見

1. Internet regulations can prevent children from viewing harmful sites including sites for pornography and illegal drug use.
（子どもたちがポルノや違法ドラッグ使用のためのサイトなどの有害サイトを見ることを防止できる）

2. Internet regulations can counter copyright violations and the leakage of personal information.

→ 反対の意見

1. Regulations restrict freedom of expression, one of the greatest benefits of the Internet which promotes exchange of opinions.
（規制は、意見の交換を促進するインターネット最大の利点のひとつである表現の自由を制限することになる）

2. They will undermine economic activities stimulated by the Internet.

244

（こうした規制は著作権の侵害や個人情報の漏洩等の対策となる）

（それはインターネットによって活性化される経済活動を阻害してしまう）

## Should advertising contents be regulated?
（広告はもっと厳しく規制されるべきか？）

広告規制については、賛成、反対両方の立場から書けるが賛成のほうがやや書きやすい。

→ 賛成の意見

1. Regulations on advertising can protect consumers from misleading and false advertisements.
   （広告規制は誤解を招く広告から消費者を守る）

2. Regulations on advertising can prevent consumers from impulse and unnecessary buying.
   （広告規制は消費が衝動買いや無駄な消費をするのを防ぐ）

→ 反対の意見

1. Regulations on advertising weaken the economy by discouraging consumption and hampering the marketing of products.
   （広告規制は消費意欲を減退させ商品のマーケティングを阻害し、経済を弱体化させる）

2. Regulations on advertising can decrease consumers' product choice, thus lowering the quality of life.
   （広告規制は消費者の商品選択の幅を狭くし、生活の質を低下させる）

3. Regulations on advertising go against freedom of expression, which is the basic principle of democracy.
   （広告規制は民主主義の根本原則である表現の自由に反する）

## 4. テクノロジーのトピックに強くなる

## Should nuclear energy be promoted?
（原子力発電は推進されるべきか？）

これは論争を巻き起こしているトピックで、原子力発電を promote（増やす）か maintain（現状維持）か decrease（減らす）かの三択ですが、maintain か decrease、つまり反対のほうが書きやすい。

→ 賛成の意見

1. Nuclear power is clean energy that can dramatically reduce $CO_2$ emissions and thus alleviates global warming.

→ 反対の意見

1. Radioactive waste poses threats to the environment for present and future generations (due to its extremely long half-life).

245

（原子力は、二酸化炭素排出量を大幅に削減
できるクリーンなエネルギー源なので、地球温
暖化を緩和できる）

2. Nuclear power can meet rapidly increasing global energy demand as an effective alternative to fossil fuels.

（原子力は、化石燃料に代わるエネルギー源として、増加する世界的なエネルギー需要に応えることができる）

3. Nuclear power generation is more cost-effective than other forms of power generation because of the low cost of uranium and durability of nuclear power plants.

（ウランは安価で、施設も長寿命なので、原子力発電は他の発電方法よりも費用効率が高い）

（〔放射能の半減期は非常に長いため〕、放射性廃棄物は、現在および未来にわたって環境を脅威にさらすことになる）

＊英文の（ ）の中は省略可

2. Nuclear power plants carry a potential risk of causing devastating accidents (such as the Chernobyl and Fukushima disasters.)

（原子力発電所は、〔チェルノブイリや福島原発事故のような〕大事故を引き起こす危険性がある）

＊英文の（ ）の中は省略可。

3. Nuclear power generation technology can be misused to create nuclear weapons which can cause the death of millions of people.

（原子力発電技術は、罪のない大勢の人びとの命を奪う核兵器の製造に転用される可能性がある）

## Is genetically modified foods beneficial for society?

（遺伝子組み換え食品は社会にとって有益か？）

　このトピックも論争を巻き起こしているが、賛成意見のほうが書きやすい。

**→ 賛成の意見**

1. GM crops can alleviate world hunger by increasing crop yields.

（遺伝子組み換え食品は収穫量を増加させ、飢餓を減らすことを助ける）

2. GM crops contains more nutrients such as minerals and vitamins than traditionally grown foods.

（遺伝子組み換え食物は、従来の食物よりもミネラルやビタミンなどの栄養を多く含んでいる）

3. Pest-resistant GM crops, which require fewer insecticides, contribute to environmental protection and health promotion among consumers.

**→ 反対の意見**

1. GM crops may be harmful because of their potential danger of causing new diseases or allergies.

（遺伝子組み換え食品は新たな疾病やアレルギーなどを引き起こす危険性があり有害かもしれない）

2. GM technology is unaffordable to farmers in developing countries, which will aggravate the polarization of rich and poor.

（遺伝子操作技術は発展途上国の農家には高額で手が届かず、貧富の二極化を助長する）

（害虫に強い遺伝子組み換え食品は、殺虫剤
の利用が少なく環境保護や消費者らの健康に
よい）

## Will renewable energy sources eventually replace fossil fuels?
（再生可能エネルギーはいずれ化石燃料に取って代わるか？）

これは賛成が書きやすく、特に環境保護主義（environmentalism）を重視する英検的にも賛
成がベター。

→ 賛成の意見

1. The reserves of fossil fuels on earth are limited, which requires the replacement of those fuels by renewable energy sources.
（地球上にある化石燃料の蓄えには限りがあるので、再生可能エネルギーへ切り替える必要がある）

2. The threat of global warming urges people to use environmentally-friendly forms of energy for both industrial and private uses.
（地球温暖化の脅威があるため、産業用、個人用ともに、地球にやさしいエネルギーを使わざるをえない）

3. The development of more cost-effective technology for renewable energy will greatly decrease the possibility of using fossil fuel.
（費用効率の高い再生可能エネルギー技術の開発によって、化石燃料使用の可能性がかなり少なくなる）

→ 反対の意見

1. Renewable power generation is less cost-effective than fossil fuels and requires high initial costs.
（再生可能エネルギー発電は、化石燃料に比べて費用効率が低く、巨額の初期費用がかかる）

2. Renewable energy, such as solar, wind, geothermal energy, causes unstable, insufficient supply of electricity, thus undermining economic development.
（太陽、風力、地熱などの再生可能エネルギーは電力供給が不安定で不十分なため、経済に悪影響を与える）

## Is solar power the energy of the future?
（太陽光発電は未来のエネルギーか？）

書きやすいのは賛成のほう。

→ 賛成の意見

1. It is an eco-friendly energy source that doesn't cause pollution[emits few greenhouse gases].

→ 反対の意見

1. Solar power is an intermittent energy source with limited accessibility the during night time.

247

（環境にやさしいエネルギー源で公害を起こさない［地球温暖化ガスをほとんど出さない］）

2. Solar power is an inexhaustible, renewable energy source.
（太陽光発電は無尽蔵の再生可能エネルギー源である）

3. It is relatively easy to install solar panels, compared with other renewable energy sources.
（ソーラーパネルは他の再生可能エネルギー源と比べて設置しやすい）

（太陽光発電は夜間の利用は制限される断続的なエネルギー源である）

2. The energy storage system such as batteries is costly.
（バッテリーなどのエネルギーの貯蔵システムが高価である）

## 6. 環境問題のトピックに強くなる

## Do you think that ecotourism is good for the planet?
（エコツーリズムは地球にとってよいことか？）

このトピックも賛否あるが賛成外の意見のほうが書きやすい。

→ 賛成の意見

1. Ecotourism contributes to environmental protection by providing funds for ecological conservation.
（エコツーリズムは生態系保護の資金を生むので環境保護につながる）

2. Ecotourism makes tourists appreciate wildlife habitats by enlightening them about the impact of tourism on the environment.
（エコツーリズムは観光客に観光業の環境への影響に目を向かせ、野生動物の生息地の価値を理解させる）

3. Ecotourism brings economic benefits to the host country, creating job opportunities for local communities.
（エコツーリズムは地域社会のために雇用機会を創出し、主催国に経済的利益をもたらす）

→ 反対の意見

1. Ecotourism dramatically increases the number of tourists into beautiful nature, thus leading to environmental degradation.
（エコツーリズムにより、美しい自然を訪れる観光客が急増し、環境悪化につながる）

あるいは

2. A massive flow of eco-tourists will damage a rich diversity of plants and animals in the delicate ecosystem.
（観光客の大量流入が、デリケートな生態系の中の多種多様な動植物に害を与える）
で大きくは1つなので賛成の方が書きやすい。

# Should endangered species be protected?
（絶滅の危機に瀕した動物を保護すべきか？）

　環境保護論者が重視する絶滅危惧種を保護することの是非論では、やはり賛成側の意見がベター。

→ 賛成の意見

1. Saving endangered species from extinction contributes to the protection of the entire eco-system.
（絶滅危惧種を絶滅から救うことは生態系全体を守ることになる）

2. Many endangered plants and animals have priceless value, which bring great benefits to human beings.
（多くの絶滅危惧種の植物や動物にはかけがえのない価値があり、人間に多大な恩恵をもたらす）

→ 反対の意見

1. Human intervention can disturb the balance of the entire eco-system.
（人間の介入により生態系全体のバランスが崩れることもある）

2. It entails huge costs, which should be used for alleviating other more serious social problems such as poverty.
（絶滅危惧種を救うのは莫大なコストがかかり、それは貧困など、ほかのより深刻な社会問題の軽減に使うべきだ）

## 7. ジェンダー・高齢化社会のトピックに強くなる

# Should women stay at home to take care of their children?
（女性は子育てのために家にいるべきか？）

　gender equality を重視するトレンドと英検のカラーから当然反対側を選ぶべきである。

→ 賛成の意見

1. Mothers should devote themselves to taking care of their small children because early childhood is the most important developmental stage of life.
（幼児期は発育段階で最も重要な時期なので、幼児を持つ母親は子育てに専念するべきだ）

2. The quality of day-care services at nurseries is not good enough to develop children's emotional intelligence effectively.
（保育所の保育サービスでは子供の EQ を効果的に伸ばせない）

→ 反対の意見

1. Encouraging mothers to pursue their careers will increase the nation's total workforce, thus boosting the economy.
（母親のキャリアの追求を奨励することで、国の総労働力が増加し、国の経済を押し上げる）

2. Children can develop their social skills more effectively by playing with their peers at nurseries than playing only with their mothers at home.
（子供は家で母親とだけ遊ぶより、保育園で仲間と遊ぶことで、より効果的に社交術を身につけることができる）

3. It discriminates against women to make career-minded women give up their careers for child-rearing.
（キャリア志向の女性に子育てのために仕事をあきらめるさせるのは女性差別である）

## Will society with an aging population face a crisis in the future?
（高齢化社会は将来危機に直面するか？）

→ 賛成の意見

1. It will face a crisis in the national health insurance and pension systems with a decrease in the number of people who pay insurance and pension premiums.
（保険や年金の掛け金を払う人口が減り、国民健康保険制度や年金制度が危機に瀕する）

2. It will face a serious labor shortage due to a decline in the working-age population.
（労働者人口が減り、深刻な労働者不足が起こる）

→ 反対の意見

1. Use of foreign, female, and elderly workforce can solve the problem of labor shortage.
（外国人、女性、高齢労働者が労働力不足の問題を解消できる）

## 8. 医学のトピックに強くなる

## Do you think that alternative medicine should be promoted?
（代替医療は促進されるべきか？）

これも話題のトピックで、最近では賛成側の意見のほうが強くなっています。

→ 賛成の意見

1. The use of natural substances has far fewer side effects than the use of western medicine prescribed by physicians.
（自然由来の物質を使用するので、医師が処方する西洋医学の薬に比べて、副作用をかなり抑えられる）

2. Alternative medicine is preventive medicine, which can save governments' health care costs in the long run.

→ 反対の意見

1. Alternative medical practitioners generally provide lower-quality medical treatment because of fewer legal and social responsibilities.
（代替医療に携わる施術者たちは、法的および社会的責任が少ないので、一般的に提供する医療の質は低い）

2. The efficacy and safety of alternative medicine have not scientifically proven.

（代替医療は予防医療で、長期的には、国の医療費負担を少なくする）

3. Alternative medicine is holistic treatment which can enhance human's natural healing power.
（心身の総合治療である代替医療は、人間の自然治癒力を高める）

（代替医療の効果や安全性は科学的に証明されていない）

3. Alternative medicine can't provide specific cures for life-threatening illnesses and injuries such as cancer and serious traffic fatalities.
（代替医療では、がんや重大な交通事故のような、命にかかわる病気やケガの治療ができない）

## 9. 教育のトピックに強くなる

# Should high school students be allowed to do part-time jobs?
（高校生のアルバイトは許されるべきか？）

アルバイトの是非は、人格形成の見地から賛成側のほうが強くなります。

→ 賛成の意見

1. Doing a part-time job can help students learn about job responsibility and hard work.
（生徒がバイトをすることで、仕事の責任やハードワークすることを学ぶことができる）

2. They can learn more about social rules and manners before becoming a full-fledged member of society.
（立派な社会人になる前に社会のルールやマナーを学ぶことができる）

3. It is an enlightening experience for high school students because they can learn the value of money.
（お金と労働の価値を学べるので、高校生にとっては啓発的な体験になる）

4. They can interact with people from different walks of life, which can develop their people skills.
（あらゆる階層の人々と交流するため、社交術を磨くことができる）

→ 反対の意見

1. It will have a negative effect on their schoolwork, decreasing the time to study at home.
（家庭学習の時間を減らし、学業に悪影響を与える）

2. It can lead to juvenile delinquency such as illegal drug use and alcohol drinking.
（バイトは、不法なドラック使用や飲酒のような、青少年の非行に導く可能性がある）

3. It will weaken family ties as students tend to spend little time with their families.
（家族と過ごす時間が少なくなり家族の絆が弱まる）

251

# Should colleges grant credits for volunteer activities?

（大学はボランティア活動に単位を与えるべきか？）

　欧米では学生のボランティア活動は当たり前だが、日本ではまだまだ普及していない。賛成の意見のほうがベター。

→ 賛成の意見

1. It will encourage more students to participate in much-needed volunteer activities.
   （需要が高いボランティア活動への、学生の参加を促す）

2. Much needed volunteer activities by college students are often interrupted by their school work.
   （大学生のボランティア活動は需要が高いのに、学業のために断念されやすい）

3. It facilitates students' volunteer activities they are already engaged in.
   （既にボランティアに従事している学生の活動を奨励する）

→ 反対の意見

1. It goes against the spirit of volunteerism.
   （ボランティアの精神に反する）

2. It is difficult to evaluate volunteer activities.
   （ボランティア活動を評価することは難しい）

253

## 編著者・著者・プロフィール

# 植田 一三 編著（Ichay Ueda）

英語の最高峰資格 8 冠突破・英才教育 & 英語教育書ライター養成校「アクエアリーズ」学長。英語の勉強を通して、人間力を鍛え、自己啓発と自己実現を目指す「英悟道」、Let's enjoy the process!（陽は必ず昇る）をモットーに、36 年間の指導歴で、英検 1 級合格者を約 2400 名、資格 5 冠（英検 1 級・通訳案内士・TOEIC L&R テスト980 点・国連英検特 A 級・工業英検 1 級）突破者を約 120 名育てる。ノースウェスタン大学院修了後、テキサス大学博士課程に留学し、同大学で異文化間コミュニケーションを指導。主な著書に『英検 1 級・準 1 級大特訓シリーズ』（アスク出版／ベレ出版／J リサーチ出版）、『16000 語レベル 最強ボキャブラリービルディング』、『英語で意見を論理的に述べる技術とトレーニング』（ベレ出版）などがある。

# Michy 里中 著（Michy Satonaka）

アクエアリーズ英検 1 級・英検準 1 級・通訳案内士・TOEIC L&R テスト満点講座講師。ビジネス会議通訳者。ロサンゼルスで長期にわたりショー・ビジネス通訳業務に携わり、アパレル業界の通訳・翻訳業にも 10 年以上携わるバイリンガル。主な著書に『英検準 1 級ライティング大特訓』（アスク出版）、『英会話フレーズ大特訓ビジネス編』『英検 1 級・準 1 級・2 級面接大特訓シリーズ』（J リサーチ出版）、『英検準 1 級 100 時間大特訓』『発信型英語 類語使い分けマップ』（ベレ出版）などがある。

# 山下 澄子 著（Sumiko Yamashita）

アクエアリーズ横浜校英検 1 級 & 英検準 1 級突破講座講師。大学入試予備校で医歯薬入試英語対策指導を行うと同時に、英検 1 級・通訳案内士・TOEIC L&R テスト 900 点突破教材の執筆を行う。海外赴任地サウジアラビア滞在中、現地でスキューバダイビングのインストラクターを務め、英語でその講義と実践指導経験を持つ。主な著書に『英検準 1 級ライティング大特訓』（アスク出版）、『英検 1 級面接大特訓』（J リサーチ出版）がある。

# 上田 敏子 著（Toshiko Ueda）

アクエアリーズ英検 1 級・通訳案内士・工業英検 1 級講座講師。バーミンガム大学院（翻訳学）修了。通訳案内士国家資格、英検 1 級、TOEIC 満点、工業英検 1 級（文部科学大臣賞）、国連英検特 A 級取得。鋭い異文化洞察と芸術的鑑識眼を備えた英語教育界のワンダーウーマン。主な著書に『英検 1 級・準 1 級・2 級・準 2 級・3級ライティング大特訓シリーズ』（アスク出版）、『英検 1 級・準 1 級・2 級・準 2 級・3 級面接大特訓シリーズ』『英語でガイド！外国人がいちばん知りたい和食のお作法』（J リサーチ出版）、『英語で経済・政治・社会を討論する技術と表現』（ベレ出版）、『英語で説明する日本の文化シリーズ』（語研）などがある。

## Aquaries School of Communication

アクエアリーズは 1984 年 1 月発足のボキャブラリー・各種英語資格検定試験対策・時事英語世界情勢・日本文化比較文化の教育研究機関で、英検 1 級合格者を約 2400 名輩出している。

■ 詳しくはウェブサイトをご覧ください

http://www.aquaries-school.com/
e-mail: info@aquaries-school.com

※ 問い合わせ・申し込み：フリーダイヤル 0120-858-994

## 英検準 1 級 ライティング大特訓

2018 年 4 月 25 日　初版　第 1 刷発行
2021 年 4 月 20 日　　　　第 7 刷発行

| | |
|---|---|
| 編著者 | 植田一三 |
| 著　者 | Michy 里中、山下澄子、上田敏子 |
| 発行人 | 天谷修身 |
| 装　丁 | 清水裕久（Pesco Paint） |
| 発行所 | 株式会社アスク出版 |
| | 〒 162-8558 東京都新宿区下宮比町 2-6 |
| | 電話 03-3267-6864 |
| | FAX 03-3267-6867 |
| 印刷所 | 日経印刷株式会社 |

ISBN 978-4-86639-190-8　　　Printed in Japan

Copyright ©2018 by Ichizo Ueda, Michy Satonaka, Sumiko Yamashita
and Toshiko Ueda. All rights reserved.

乱丁・落丁はお取替えいたします。
弊社カスタマーサービス（電話：03-3267-6500　受付時間：平日 10:00 ～
12:00 ／ 13:00 ～ 17:00）までご相談ください。